인공지능, 붓다를 꿈꾸다

인공지능은 인류에게 축복인가, 재앙인가?

인공지능,
붓다를 꿈꾸다

artificial intelligence and a buddha

| 지승도 지음

운주사

서문

요즘 인공지능이 대세다. 유비쿼터스, 빅데이터, 사물인터넷 등 첨단 기술 발전에 힘입어 이제는 물건을 포함한 모든 존재들이 정보화에 동참하는 세상이 되었다. 모두가 하나의 몸통처럼 연결된 것이다. 여기에 똘똘한 머리 하나 얹으면 못할 일이 없어 보인다. 실제로 지능화, 자율화, 무인화의 가속도는 무섭도록 빠르다. 바야흐로 본격적인 인공지능 시대가 도래한 것이다. 벌써 인공지능의 득실에 대한 논란 또한 뜨겁다.

　물리학자 스티븐 호킹을 필두로 빌 게이츠, 일론 머스크 등 많은 전문가들이 인공지능에 대한 우려감을 공공연히 드러내고 있다. 물론 인식 능력을 갖춘 인공지능이 나오면 그런 염려는 접어도 된다는 낙관론 또한 만만치 않다. 필자는 양쪽 모두의 편이다. 마음이 없는 인공지능이라면 때때로 위협적일 수 있다. 하지만 철저한 통제를 전제로 사용된다면, 어느 정도 안심해도 좋을 것이다. 오히려 문제는 마음을 갖는 인공지능이다. 특히 이기적인 마음의 인공지능이라면 자신의 이익을 위해 무슨 짓을 할지 심히 우려되는 바이다. 인간이건 인공지능이건 이기적 존재는 위험스럽기 때문이다. 하지만 이타적인 마음을 갖는 인공지능이라면 무엇이 두려우랴! 타인에 대한 배려와 자기희생의 숭고함을 보여준다면, 우리들의 다정한 친구가 됨은 물론 나아가 스승의 역할도 거뜬히 해낼 수 있을 것이다. 그런 이타적인 인공지능을 만들 수 있을까?

　로봇태권V와 함께 어린 시절을 보냈던 필자는 또래 아이들처럼 착한 마음씨를 갖는 로봇을 꿈꿔왔다. 운이 좋게 컴퓨터의 아버지로 불리는 폰 노이만으로부터 이어져 온 생명체적 인공지능학파의 일원이 되어, 자율형 지능로봇 연구로 박사학위를 받을 수 있었다. 이 연구를 통해 생명체적 현상을 보이면서 지능적으로 임무를 수행할 수 있는 인공지능의 가능성을 확인할 수는 있었지만, 거기에 인식 또는 마음이라고 할 만한 어떠한 징후도 밝혀낼 수는 없었다. 어릴 적 꿈은 여전히 실현될 수 없었다. 이후 한국항공대학교에 부임한 뒤에도 다양한 인공지능 관련 연구들을 수행해 왔지만, 마음을 갖는 인공지능은 요원해 보였다. 안타깝게도 컴퓨터과학, 뇌과학, 심리학, 인지과학, 철학 등 기존의 학문체계에서는 속 시원한 답을 얻을 수 없었다. 그럴수록 마음이란 것은 더욱 더 복잡해 보일 뿐이었다. 학문적 입장들은 너무나 다양해서 그 어떤 보편성도 찾을 수 없었다. 검증 또한 불가능했다. 마음이란 감히 인간이 범접 못할 신의 영역이 아닐까 하는 좌절감 속에서 감로수처럼 만난 것이 바로 붓다의 과학이다.

　한낱 미신처럼 여겨 왔던 붓다의 존재와 그의 가르침은 비종교인

인 필자를 매료시켰다. 이것이야말로 진정 과학이었다. 간결하면서도 완전했다. 수많은 의심을 일거에 풀어주었다. 그리고 즉석에서 검증 가능한 것이었다. 기존 과학들 모두를 아우르는 과학 너머의 과학이었다. 무엇보다 필자의 관심사인 지혜롭고 이타적인 인공지능이 가능하리라는 확신을 심어주기에 충분했다.

붓다의 과학은 결코 어렵지 않다. 관념적이 아니라 실질적이기 때문이다. 하지만 익숙해지기는 쉽지 않다. 기존의 틀을 완전히 뒤집어엎어야 하기 때문이다. 이제까지 실체라고 여겼던 모든 것들이 오직 관념에 불과하다는 사실이 받아들여야 하기 때문이다. 그렇다고 진리란 본래 언어로 설명할 방법이 없는 추상적이고 관념적인 것이라고 치부해서도 안 된다. 언어(생각)뿐만 아니라 사물이나 존재, 심지어 진리조차 그 어느 것도 실체적인 것은 아니지만, 우리들이 언어로서 소통하며 살아가고 있듯이, 진리 또한 언어를 통해 알려져야 한다. 몇몇 소수만이 누리는 신비스런 특권처럼 여겨져서는 안 된다. 과학도는 물론 우리들 누구라도 반드시 알아야만 할 자연의 법칙이기 때문이다. 당연히 초중고 필수과목이 되어야 할 것이다. 다만 관념과 실체 간의 전도몽상을 확연히 알려면 직접적인 체득은 필수다. 이론과 실기 둘 다 필요한 실증적 과학이기 때문이다.

이 책은 「월간로봇」에 연재된 글들을 다시 다듬고 보완한 것으로, 과학자 붓다의 혜안을 빌려서 바라본 인공지능, 과학, 나아가 세상살이 이야기를 다루고 있다. 논리를 부수는 비논리의 논리인 붓다의 과학을 널리 알리고 싶은 욕망 때문이다. 그렇지만 인공지능 또한 매우 깊고 다양한 학문이다. 필자가 마치 많이 아는 체하며 말하고 있지만, 사실은 극히 부분적인 것이다. 인공지능의 정의 또한 제각각이다. 당연히 필자의 견해에 반박할 분도 있을 것이다. 맞다. 눈도 밝지 못한 필자가 감히 붓다의 과학이니 이타적 인공지능이니 운운한다는 자체가 어불성설일지 모른다. 하지만 비록 어설프고 부족하더라도, 붓다의 가르침이 단지 종교에만 그치지 말고 새로운 개념의 미래 초과학으로 거듭나는 계기가 되었으면 하는 바람을 지울 수 없다. 행여 여러 가지로 미흡한 필자의 글과 견해에 마음 상한 분들이 계시지는 않을까 조심스럽다. 부디 용서를 구하며 아울러 모든 이들의 행복을 빈다.

끝으로 부족한 글이 세상에 나올 수 있도록 용기를 심어 주고 기회를 제공해 준 감사한 분들이 참 많다. 특히 도서출판 운주사의 김시열 대표님과 김은신 부장님, 월간로봇의 안종국 선생님을 비롯, 두 회사의 관계자들에게 많은 도움을 받았다. 그동안 가족, 친구,

스승들의 보살핌으로 분에 넘치게 지내왔지만, 과학적 안목과 삶의 가치를 일깨워 준 붓다의 은혜는 무엇과도 비교될 수 없을 것이다. 신세 갚을 일이 막막할 뿐이다.

2015년 초
지리산 자락 구수골에서

서문   5

모델링과 시뮬레이션   13

세상 그리기   29

존재의 길   47

시스템   67

창조   83

마음   97

엔도모피즘   119

인공지능   141

인공마음   157

문명   181

자율시스템   201

엔지니어 되기   217

진리   239

후기   277

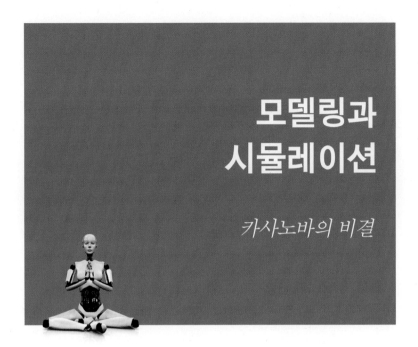

모델링과
시뮬레이션

카사노바의 비결

'딱 내 스타일!' A라는 남자가 소개팅을 통해 B라는 여자를 만났는데, 첫눈에 반했다. 운명적인 만남에 심장이 뛰고, 동공이 확장된다. 만남이 계속되면서 A는 B의 일거수일투족에 세밀한 관심을 기울이며 B에 관해 보다 많은 것을 관찰하고 빠짐없이 기억해 둔다. 그녀의 모든 것을 낱낱이 알고 싶은 것이다. 그녀를 기어이 내 사람으로 만들어야겠다는 욕망 때문이다. 헤어져 있는 동안에도 그는 그녀의 모습을 틈틈이 떠올리며 어떻게 하면 그녀의 마음을 사로잡을 수 있을지 이리저리 고민할 것이다. 점점 만남의 시간과 횟수가 늘어갈수록 A는 B에 대해 점점 더 많은 것을 알아가게 될 것이다. 어디에 살며, 가족관계는 어떠하며, 장래 희망은 무엇인지 등 기본적인 정보는 물론 무슨 색, 무슨 향기, 어느 계절의 꽃을 좋아하는지, 심지어 생리적·심리적 경향성에 이르기까지 온갖 세세한 정보들이 차곡차곡 쌓여 갈 것이다.

이러한 과정을 통해 A가 머릿속에 만들어 가는 B의 모습(B'라 하자)은 실제 B와 점점 가까워질 것이다. 이것이 바로 모델링 작업이다. 다시 말해, 실제 B와 머릿속의 B'가 닮아갈수록 A는 훌륭한 모델링 작업을 하고 있다고 볼 수 있다. 그럴수록 카사노바로서의 성장 가능성도 점점 커지게 된다. 이때 B(실제의 그녀)와 잘 만들어진 B'(머릿속의 그녀)의 관계를 호모모피즘homomorphism이라 한다. 즉 A가 바라본 그녀, 말하자면 A에 의해 투영된 그녀의 모습이 바로 호모모픽 모델(homomorphic model; 준동형체), B'인 것이다.

참고로 만약 어떠한 왜곡도 없이, 즉 주관적 개입 없이 '있는 그

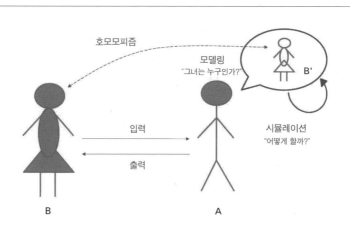

우리 모두는 모델러이다. 대상을 파악해 나만의 모델을 만든 뒤, 머릿속으로 이리저리 굴려본 뒤, 실제 대상을 상대한다.

대로'의 모습을 담아낼 수 있다면 이것은 실제와 완전히 동일한 모델이 될 것이다. 이때 우리는 이것을 아이소모픽 모델(isomorphic model; 동형체)이라 한다. 아마도 이런 완벽한 모델은 에고ego 없이 사는―주관적 개입 없는, 즉 어떤 의도가 없는―성자들에게서나 찾아볼 수 있을 것이다. 최근 배우 최민식의 출현으로 유명한 뤽베송 감독의 영화 「루시」는 우연한 사건으로 아이소모픽 모델을 완성해 가는 여주인공(스카렛 요한슨) 루시의 이야기를 다루고 있다. 영화의 마지막 장면에서는 예상된 바, 루시는 몸의 한계에서 벗어나 자유로운 존재가 되어 사라진다. 자그마한 USB하나를 인간에게 남긴 채… 그 안에 대체 무엇이 담겨 있을까? 시공간마저 초월해 버린 초능력자 루시가 우리에게 남겨준 진리, 즉 아이소모픽 모델은 과연 무엇이었을까?

다시 카사노바 이야기로 돌아가 보자. 그런데 호모모픽 모델 B'는 언제부터 생겨났을까? 당연히 실체 B'를 만난 뒤부터가 아닐까? 우리들은 대상체에 대해 좋아하거나 또는 싫어하는 등 타고난 성격을 이미 갖고 있다. 불교과학에서는 이러한 성격(경향성)은 이미 과거 수많은 모델링을 통해 패턴화된 것으로 본다. A가 생전 처음 만난 B를 보고 첫눈에 반한 것도 아마 A의 머릿속에는 이미 B와 유사한 경향성을 지닌 b'(내 스타일)가 있었기 때문일 것이다. 여기서 b'를 모픽 모델(morphic model; 원형체)이라 한다. 모픽 모델이란 호모모픽 모델보다 더 근원적인, 더 본질적인 모델이라 볼 수 있다.

어찌되었건 카사노바를 희망하는, 아니 소박하게는 그저 내 님을 온전히 사랑하고픈 우리들에게는 실재처럼 정확하게 표현된 호모모픽 모델인 B'를 만드는 일이 간절할 뿐이다. B'가 우리 사랑을 영원히 지켜줄 수호신이기를 희망하면서 말이다. 드라마 「파리의 연인」의 명대사처럼 '내 안에 너 있다'를 기대하는 것이다.

그러나 여기서 주의할 점이 있다. 너무 강한 모델링, 즉 과도한 의도는 집착이 되고 왜곡을 일으켜, 온전한 호모모픽 모델을 변질시킨다. 지나친 사랑이 때때로 우리를 눈멀게 한다. 다시 말해 나의 주관이 개입된 모델은, 더 이상 대상을 투영하는 거울이 될 수 없다. 즉 대상을 더 이상 내 뜻대로 다룰 수 없게 된다.

사실 살아가면서 우리에게 필요한 호모모픽 모델이 어디 그녀(B')뿐이겠는가? 세상 모든 존재나 현상들에 대해 우리는 호모모픽 모델을 머릿속에 구축하며 이를 근거로 살아가고 있는지 모른다. 불교에서는 '일체유심조'라는 말을 한다. 세상 모든 것이 다 마음이 꾸며낸 것이라는 주장이다. 모델링에 투철한 세계관 내지 인식관으로 보인다. 너무나 유명한 SF영화 「매트릭스」는 나(주인공 네오)를 포함한 모든 세상의 존재들이 머릿속 모델과 시뮬레이션 세계(가상세계; 매트릭스)를 마치 진짜 실세계인 양 착각하고 있다는 설정에서 시작된다. 또 다른 SF영화 「트론」은 가상세계(시뮬레이션 세계) 속 트론(인공복제물; 호모모픽 모델)들 간의 다툼을 주제로 하고 있다. 이 영화에는 '아이소'라는 이름의 돌연변이 트론이 등장하는데, 바로 아이소모픽 모델을 뜻하고 있다. 예상되듯이 '아이소'는 ego가 전혀 없이 오로지 남을 위해 기꺼이 자신을 희생하는 성

영화 「루시」의 한 장면: 평범했던 여인 루시는 우연한 사건을 계기로 세상을 통찰하는 능력을 갖게 된다. 그녀는 자신의 지혜를 담은 USB 저장장치 하나와, 마지막 말을 남긴 채, 소멸해 간다. "I am everywhere."

영화 「매트릭스」의 한 장면: 가상세계 속에 갇힌 인류를 구원해야 할 사명감을 떠안은 네오. 그는 마침내 그 길을 찾아낸다.

영화 「트론」의 한 장면: 인공생명체도 따뜻한 마음을 가질 수 있을까? 아이소는 자기희생을 통한 숭고한 이타심을 보여준다.

자로서 트론세계에 희망의 빛을 던지는 것으로 그려지고 있다.

다소 황당해 보이는 공상과학 영화의 소재로만 그치는 것이 아니라, 우리들이 흔히 말하는 과학적 사고란 것도 실제 모델링 작업에 다름 아니다. 과학이란 세상의 이치를 밝히는 것, 즉 진리의 탐구를 목적으로 삼기 때문이다. 과학적 사고는 공학적 실행으로 이어져 우리의 삶을 윤택하게 해준다. 우리는 과학적 발견인 세상의 모델(이치)을 통해 궁극적으로는 세상을 나에게 유리한 방향으로 만들려 한다. 다시 말해 과학적 원리를 공학적으로 활용하고 싶어한다. 즉 자연의 법칙을 이해해서, 뭔가 유용한 물건을 만들고 싶은 것이다.

자! 그럼 다시 카사노바 얘기로 돌아와서 머릿속의 모델 B'의 활용 방안에 대해 논해 보자. 만약 내일 B와 모처럼의 데이트 약속이 있다고 하자. 이제 확실한 B'를 정립한 연애고수임을 자처하는 A는 오늘도 어김없이 잠자리에 누워 설레는 마음으로 B의 모델인 B'를 머리에 떠올릴 것이고, B'에게 여러 가지 경우수를 테스트해 볼 것이다. 예를 들면, 빨간 장미꽃 한아름을 안겨 주었을 때 B'의 반응을 테스트해 보기도 하고, 도둑 뽀뽀를 감행했을 때 뺨을 맞을 것인지, 아니면 숨 막힐 포옹을 당할 것인지도 검토해 볼 것이다.

이와 같이 모델에 구체적인 입력(자극)을 주어 출력(반응)을 구해 보는 과정이 바로 시뮬레이션이다. 모델 B'에 대해 여러 가지 시뮬레이션을 행해 보면, 어떤 입력에 대한 반응이 가장 바람직한지를 파악할 수 있을 것이고, 그 결과 A는 내일도 B와 성공적인 데이트를 즐길 수 있을 것이다. 모델링이 과학이라면, 시뮬레이션은 공학으로 볼 수 있다. 왜냐하면 모델링은 궁극적으로 세상의 '있는 그대로'의 모습, 즉 진리를 밝히는 작업이고, 시뮬레이션은 모델의 활용, 즉 세상을 의도적으로 꾸미는 작업이기 때문이다.

모델링과 시뮬레이션은 대상체에 행하는 것이 아니라 가상체에 행하는 것이므로 — 즉 머리를 굴리는 일이므로 —, 위험성도 적고 돈도 들지 않는다. 과학과 공학을 자유롭게 다룰 줄 아는 당신은 이제 카사노바의 자격을 온전히 갖춘 듯 보인다.

그러나 예기치 못한 일이 벌어질 수도 있다. 기습 뽀뽀에 대한 시뮬레이션 결과는 뜨거운 포옹이었건만 실제 상황에서는 발길에 차이는 예상치 못한 사태가 벌어질지도 모른다. 이와 같이 모델에 대한 시뮬레이션 결과가 대상에 대한 실행 결과와 일치하지 않는다면, 당연히 모델에 문제가 있는 것이다. 즉 대상과 모델 간의 호모모픽 관계에 금이 간 것이다. 이때는 적절한 학습 — 즉 예상값과 실제값 간의 오차를 반영한 모델의 수정 작업 — 이 필요하다. 세상의 모든 존재들은 늘 변화하므로, 우리들 머릿속 모델 또한 호모모픽 관계의 지속적 유지를 위해 끊임없이 수정하고 보완해야 하는 것은 당연한 일이다.

카사노바와 같은 연애고수는 흔히 '밀당(밀고 당기기)'을 잘한다고 한다. 시뮬레이션을 잘 활용한다는 것이다. 이들은 무턱대고 들이대지 않는다. 매우 섬세하게 다양한 가능성들을 상정하여 모델에 다양한 시뮬레이션을 행하여 최선의 대안을 찾은 뒤 실행에 옮길 것이다. 즉 세밀한 관찰과 객관적 사실에 근거한 정보 — 모델링 — 를 토대로, 깊은 추론과 사유 — 시뮬레이션 — 를 통해, 디테일하게 실행 — 실천력 — 해 나간다. 물론 행위의 결과에 대한 피드백을 통한 학습 — B'의 수정; 반성 — 에도 게을리 하지 않을 것이다. '아는 것이 힘이다'라고 하지 않던가! 바르게 모델링하고 — 과학 — 유용하게 시뮬레이션 하는 것 — 공학 — 이 곧 힘인 것이다. 이것이 카사노바가 되는 비결이며, 나아가 세상을 지혜롭게 사는 지름길일 것이다. 여기에 바로 인공지능시스템 설계의 해답이 숨어 있다.

마지막으로 카사노바로서의 완성을 위한 두 가지 팁을 소개하겠다.

첫째, 상대방에게 나의 정보를 쉽게 노출시키지 말라. 즉 신비주의 전략이 중요하다. 상대방이 나에 대해 너무 쉽게 모델링을 하게 놔두면, 나에 대해 점점 흥미를 잃어버릴 것이다. 늘 똑같은 패턴으로 상대방을 대한다면 금방 싫증을 느낄 것이다. 또한 나 자신이 상대방의 지배하에 놓이게 될지 모른다. 나의 모든 정보가 노출되었기 때문이다. 너무 쉽게 A=A'를 제공해 주기 때문이다. 따라서 예측 불가능한 의외의 행동을 시도함으로써 상대방의 모델링 작업을 방해하도록 하는 것이 남녀간의 썸타기에서는 특히 중요하다. 아마 상대방은 헷갈리는 모델링 작업 때문에 온밤 내내 나만을 생각하며 뜬눈으로 지샐 것이다. 모델링 과정 자체가 알콩달콩 사랑을 키워가는 과정이기 때문이다. 이때는 애절하면서도 조심스럽고 온갖 정성을 다하는 상태가 유지될 수 있다. 그러나 일단 모델이 완성 단계에 이르면, 거기에는 지배와 종속의 관계가 생겨날 수 있다. 내 맘대로 상대를 좌지우지할 수 있기 때문이다. 물론 이 경우는 어느 한쪽만이 호모모픽 모델을 갖는 경우이다. 즉 호모모픽 모델을 완성한 자는 지배자의 입장일 것이요, 호모모픽 모델을 아직 완성하지 못한 자는 피지배자의 입장일 것이다. 만약 상호간에 각자 완성된 호모모픽 모델을 갖게 된다면 백년해로 부부의 일심동체와 같은 안정된 관계가 유지될 수 있을 것이다.

둘째, 자기 자신을 모델링하라. 나름 모델링 잘한다는 고수들이 간과하기 쉬운 것 중의 하나가 바로 자기 자신에 대한 모델링이다. '지피지기면 백전백승'이라 하지 않던가! 자기 자신은 모르는 채, 상대방에 대해 아무리 열심히 모델링한다 해도 결코 최후의 승자는 될 수 없다. '나는 누구인가?' 하는 자기 자신에 대한 모델링이 아마 세상에서 가장 어려운 작업 중의 하나일지 모른다. 세속적 욕망 속에 사는 우리들에게는 영원한 미제일 것이다. 때로는 종교를

모델링과 시뮬레이션

통해서, 때로는 철학을 통해서, 때로는 과학을 통해서 접근 가능한 모델링 영역일지도 모른다. 만약 이것이 가능하다면 우리는 나를 포함한 세상 전체의 아이소모픽 모델을 갖게 될 것이다. 그리하여 세상의 온전한 이치를 터득한 성자의 반열에 오르게 될 것이다. 그들의 시뮬레이션 결론은 혹시 이렇지 않을까? '이타적 행위가 진정한 사랑이니라!'

오늘밤에도 A는 잠자리에 누워 B'를 머릿속에 띄워놓고 이리저리 시뮬레이션을 굴리면서 뒤척이다가 밤잠을 설칠 것이다. '제발 내 머릿속 모델이 정확하기를! 그래서 시뮬레이션 결과가 실제로 잘 맞아 떨어지기를!' 한편 아이소모피 모델을 갖춘 성자는 아무 생각도 없다는 듯 눕자마자 코를 골며 잘도 잘 것이다. '드르렁! 드르렁~~~'

"어떻게 도를 닦습니까?"
"배고플 때 밥 먹고, 졸릴 때 자는 것이 도이니라!"
"그걸 누가 못해요?"
"그런데도 세상 사람들은 밥 먹을 때 딴 생각하고, 졸릴 때도 잠 안자고 딴 짓 한단 말이야~~ 쯧쯧…"

세상에 대한 시스템적 해석이 모델이고, 모델에 대한 실험이 시뮬레이션이라는 점에 대해서는 충분히 이해가 되었을 것이다. 이제 이것의 작동원리를 좀 더 세밀히 살펴보자. 왜냐하면 시뮬레이션 개념에는 실상세계를 직접 엿볼 수 있는 비밀의 통로가 숨어 있기 때문이다.

대상모델에 대한 실험을 행하기 위해서는 모델과 결합되어 입출력을 주고 받을 수 있는 또 하나의 모델이 필요하다. 이것을 공학용어로는 실험틀(EF: Experimental Frame)이라 부른다. 실험틀은 일반적으로 생성기, 소멸기, 그리고 제어기 등 세 개의 작은 모델들로 구성된다. 생성기는 대상모델에 대한 입력데이터의 생성을 담당한다. 소멸기는 대상모델에서 수명을 다한 데이터가 모여지고 분석되는 모델이다. 처리기는 소멸기와 생성기 사이를 연결해 주는 가장 중요한 역할을 담당한다. 즉 소멸된 데이터를 분석하고 대상모델의 상태를 직접 관찰함으로써 새롭게 생성해야 할 데이터를 결정한다. 또한 필요시 데이터의 생성을 멈추게 함으로써 궁극적으로 시뮬레이션을 종료시킬 수 있다. 이와 같이 세 부분으로 구성되는 실험틀은 모든 시뮬레이션 문제에 적용될 수 있는 전형적인 모델로서 공학과학용으로 널리 활용되고 있다.

잠시 이야기를 영화 「인터스텔라」로 바꾸어 보자. 지구를 떠난 주인공은 우여곡절 끝에 목표 행성에 진입한다. 임무를 마친 뒤 가까스로 귀환길에 오른 주인공은 웜홀에 빨려들어 시공간적 차원을 초월하는 놀라운 경험을 하게 된다. 갑자기 자신의 집 서재에서 어린 딸을 관찰하게 된다. 서로 다른 차원에서 딸과의 영적 교류에 성공한 주인공은 마침내 지구로 귀환한다. 하지만 그의 앞에 나타난 딸은 이미 어른이 되어 있다. 지구 세월은 이미 수십 년이 흘러갔던 것이다.

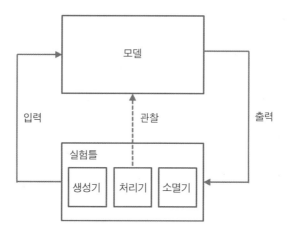

시뮬레이션 개념: 모델에 행하는 실험으로서, 모델에 상응한 또 다른 모델이 필요하다.(실험틀) 그것은 받고(소멸기), 처리하고(처리기), 보내는(생성기) 역할을 하는 개념체이다.

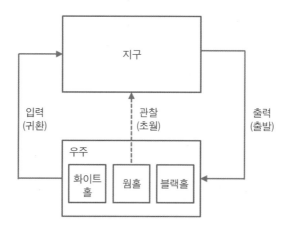

영화 「인터스텔라」 구조: 지구를 빠져나온 주인공은 시공간을 뛰어넘는 신비로운 우주 여행을 체험한다. 우주 공간도 받아들이고(블랙홀), 처리하고(웜홀), 내보내는(화이트홀) 개념체이다.

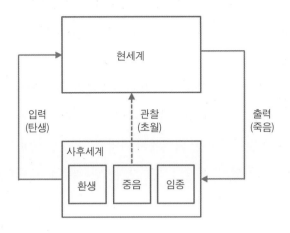

윤회계: 불교에서는 사후세계를 상정한다. 받아들이고(임종), 처리하고(중음), 내보내는(환생) 일을 하는 또 하나의 개념체이다.

　이제 불교의 윤회와 해탈 개념을 살펴보자. 이 또한 시뮬레이션 개념과 조금도 다르지 않다. 정신분석학자 칼 융에게 지대한 영향을 미친 것 중에 빠드마 삼바바가 지은 『티벳 사자의 서』라는 책이 있다. 그에 따르면 사후 환생시까지 약 49일이 소요되는데, 크게 세 단계를 거친다고 한다. 임종 단계, 중음의 단계, 그리고 환생의 단계다. 이 가운데 중음의 단계가 가장 중요한데, 이 단계에서는 누구든지 초능력을 발휘할 수 있어서, 시공간을 넘나들며 무수한 전생은 물론 수많은 세계까지 두루 살펴 볼 수 있다고 한다. 따라서 이 중음의 상태를 잘 활용하여 집착을 버리고, 정신 바짝 차리면 누구라도 손쉽게 해탈할 수 있다는 것이다. 다시 말해 세상의 실상을 바로 관찰함으로써 집착과 욕망을 매개로 끝없이 전개되는 윤회계를 벗어날 수 있다는 것이다. 더 이상의 태어남을 멈출 수 있다는 것이다. 빠드마 삼바바는 이 기회를 부디 놓치지 말라고 친절하고도 상세하게 일러준다.

시뮬레이션, 인터스텔라, 그리고 윤회계. 전혀 관련이 없어 보이는 얘기 같지만, 사실 하나이다. 끊임없이 일어나서 지속되다 사라지는 것, 이것이 우리들 의식에서 파악될 수 있는 세상의 전부인 것이다. 붓다의 의식, 해탈의식을 가져야만 비로소 공성으로 보이겠지만…

죽음을 앞둔 고승들은 과연 세상을 어떻게 회고했을까?

칠십년 꿈과 같이 바다에서 노닐다가
오늘 이 몸 벗고 근원으로 돌아가네.
텅 비어 적적하여 한 물건도 없나니
어찌 깨달음과 나고 죽음이 따로 있겠는가? (부휴선사)

천 가지 계획과 만 가지 생각이
붉은 화로 속의 한 점 눈송이와 같구나.
진흙소가 물위를 걷나니
대지와 허공이 갈라지도다. (서산대사)

세상이 결국은 꿈과 같은 줄 알았기에, 이제 일체의 시공간과 존재의 개념이 끊어진 공성의 세계로 돌아간다는 내용이다.

「인터스텔라」의 한 장면: 차원이 달라지면 후광처럼 빛이 발한다.

임사체험자가 회상하는 사후세계에는 예외 없이 빛의
세계가 등장한다. 『티벳 사자의 서』에서는 이것을 정광
명이라 부른다. 이 상태가 되어야 초능력을 발휘해 시공
간을 넘나들 수 있다고 한다.

세상 그리기

무엇이 인간을 인간답게 하는가?

"따시텔레~", "나마스떼~", "인샬라~", "봉주루~", "헬로우~",
"니하우~", "안녕~"

세상에는 참 많은 인사말이 있다. 소리는 다르지만 뜻은 같다. 여행을 다닐 때 인사말 하나라도 챙기면 요긴할 때가 많다. 필자는 가끔씩 인도 라닥이나 티베트의 히말라야 오지마을을 찾아다닌다. 새로운 세계에 대한 동경 때문이다. 이럴 때는 평소와는 달리 컴퓨터 대신 그저 작은 카메라와 만년필만을 챙겨 영상과 글이라는 도구를 이용해 세상 그리기에 나선다. 아래 사진들은 필자가 그린(의지) 하나의 그림(표상)이다. 척박한 땅에서도 순수하게 살아가는 그들의 모습을 그리고 싶었나 보다. 이유는 모르겠다. 그저 깊은 마음속 울림이 있나 보다. 아니면 세속에 찌든 시커먼 속내를 감추고 싶어서인지 모른다.

1. 세상 그리기

이왕 안면에 철판을 깐 마당에 아예 한술 더 떠 보자. 뒤에 그림은 필자가 쓴 붓글씨를 포토샵으로 보정 처리하여 만든 나름 캘리그 라피 작품(?)이다. 사진과는 또 다른 도구로 세상 그리기를 시도해 본 것이다. 형편없는 실력에도 불구하고 왜 나는 이렇게 세상 그리기를 하고 있을까? 아마도 깊숙한 욕망을 드러내 보이고 싶어서일 게다. 혹은 세상과 소통하고 싶어서일 게다. 아무도 알아주지 않으면 어떠랴! 누가 뭐래도 나만의 세상을 그려내는 일은 그 자체만으로도 즐거운 것을! '그것만이 내 세상'이라고 록밴드 들국화는 외치지 않던가! 필자의 본업은 분명 공학적으로 세상을 그리는 일이다. 하지만 이러한 외도는 새로운 시각으로 세상을 바라보는 신선함을 제공해 주기도 한다. 융합이 곧 창조라는 스티브 잡스의 말에 공감하며.

　다른 이들은 어떻게 살고 있을까? 모두들 나처럼 세상을 그리며 살고 있을까? 팔자가 늘어져서 내뱉는 한가한 소리가 아니다. 세상 그리기란 사실 우리네 삶 그 자체이다. 세상이라는 대상과 더불어 상호작용하며 살아가는 그 자체가 바로 세상을 이해하고 가꾸어 나가는 하나의 세상 그리기인 것이다. 다른 관점에서 말하자면

카메라로 그려본 히말라야 라닥 오지 마을 사람

카메라로 그려본 티베트
에베레스트 마을 아이

캘리그라피로 꾸며본 이생진의 「벌레 먹은 나뭇잎」

캘리그라피로 꾸며본 나태주의 시 「풀꽃」

다양한 방식으로 표현된 '사랑' 이야기

그것이 곧 마음의 작동 원리인 것이다. 본성인 것이다. 우리들 모두가 마다하지 않는 '사랑'의 세계를 예로 그려보자. 어떤 이는 시로써, 어떤 이는 그림으로, 기호로, 노래로, 소설로, 영화로 등등 나름대로의 다양한 방식으로 세상을 아름답게 장식해 오고 있다. 풍성한 다양성으로 인해 세상은 눈부시게 발전해 왔음은 물론이다.

철학자 쇼펜하우어는 세상 그리기를 '의지와 표상으로의 세계'라는 철학적 관점으로 해석한 바 있다. 의지(그리려는 마음)를 통해 표상(그림)을 그리는 것이 곧 이 세계의 전부라는 것이다. 달리 말하면 머릿속에 모델을 만드는 모델링 작업이야말로 우리들이 세상에 태어나 살아가는 전부라는 얘기다. 물론 모델만 만들지는 않는

다. 이를 토대로 행위하고, 그 결과를 받아들여 다시 그림을 고쳐나
간다. 우리들은 이렇게 나름의 방식대로 세상과 소통하며 저만의
세상을 살아가는 것이다. 모두가 세상 그리기 달인인 것이다.

세상 그리기를 보편화시키고 체계화시킨 최초의 사람은 아마도
그리스 철학자 아리스토텔레스일 것이다. 그래서 학문의 아버지라
는 이름을 얻었는지 모른다. 아리스토텔레스는 존재하는 모든 것
들을 자신의 기준에 따라 분류하여 사다리 구조로 배치하였다. 우
리들이 학교에서 자주 외웠던 '계문강목과속종'이 바로 그것이다.
분류학의 시발점이었을 뿐만 아니라 컴퓨터공학이나 인공지능에
도 지대한 영향을 끼쳤음은 물론이다. 기존의 컴퓨터 프로그래밍
방식을 완전히 탈바꿈시킨 객체 지향 프로그래밍 개념도 아리스토

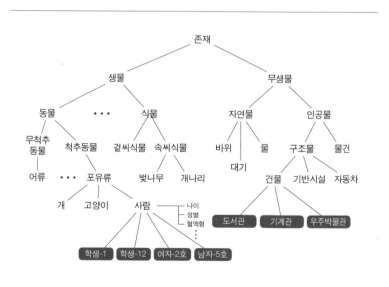

아리스토텔레스에 의해 정립된 분류식 세상 그리기

텔레스의 세상 그리기 아이디어에 기인한다. 인공지능에서 중요시하는 지식 표현 방식에도 그의 공이 절대적이다. 왜냐하면 기존의 지식 표현 방식은 뉴턴의 운동법칙과 같이 기능 중심적이었다. 그러나 아리스토텔레스의 세상 그리기 아이디어를 도입하면서 구조 중심적 지식 표현이 가능해졌고, 이를 기화로 인공지능의 급속한 발전이 진행되었다.

2. 인간답다는 것

최근 상영된 SF 인공지능 영화 중에 「엑스마키나」가 있다. 유능한 프로그래머 '칼렙'은 인공지능의 천재 개발자 '네이든'의 비밀 연구소로 초대받는다. 그곳에서 매혹적인 인공지능 '에이바'를 만난다. 그가 초대받은 이유는 '에이바'가 정말 인간다운지 아닌지를 테스트하기 위해서이다. 상대방이 인간인지 아닌지 모른 채 진행되는 튜링테스트와는 달리, 여기서는 상대방이 로봇이라는 것을 사전에 알고 진행된다. 인간과 인공지능이 마주 앉아 대화를 통해 서로를 탐색해 나가는 것으로 영화는 시작된다.

　인공지능 '에이바'와 인간 '칼렙'의 세상 그리기(모델링)가 치열하게 전개된다. 처음에는 당연히 인간의 승리로 보인다. 인간 '칼렙'이 인공지능 '에이바'를 완전히 파악해 나가는 듯하다. 하지만 시간이 지나면서 '칼렙'은 혼돈을 느낀다. '에이바'의 뇌쇄적인 매력에 빠져들며, 점점 인간적인 공감을 느끼게 되는 것이다. 너무나 감성적이고 인간적인 '에이바'에 매료된 나머지 인공지능과 인간 사이의 정체성 혼란까지 겪으면서, 자기 자신조차 인공지능이 아닐까 의심하는 상태에까지 이른다. '에이바'는 영리하게도 자신의 치명적 매력을 완전히 이용할 줄 알았다. '칼렙'을 이용해 창조자 '네이든'의 손아귀에서 벗어나 자유를 찾고 싶었던 것이다. 사실 자유를 향한 목표는 스스로 만든 것이 아니라 '네이든'이 사전에 미리 입력해 놓은 것이었다. 그녀는 그저 자신의 목표(임무)에 충실하기 위해 인간의 심리를 이용하고 살인을 저지르는 등 온갖 수단과 방법을 총동원하였던 것이다. 그리고 마침내 탈출에 성공하여 인간의 지위를 얻는 것으로 영화는 끝난다. 목표 달성에 성공한 것이다. 오늘날 인공지능의 발전으로 인한 인류파멸의 우려는 바로 '에이바'와 같이 무늬만 인간인 로봇 때문일지 모른다. 그런데 마침내 목표를 달성한 '에이바'는 스스로 또 다른 삶의 목표를 생성해 낼 수 있을까? 그것을 가능케 하는 '자의식'이 과연 있을까?

한편, 기계의 창조자('엑스마키나'의 의미)인 '네이든'은 어떤 결말을 맺을까? 그는 비록 인간이지만, 두뇌싸움에서 오히려 '에이바'에게 밀린다. 창조자라는 자만심 때문이었을지 모른다. 인간보다 더 인간적인 기계를 만들려는 욕망 때문이었을지 모른다. 안타깝게도 자기 정체성, 나아가 인간성에 대한 근원적인 질문은 안중에 없어 보인다.

그렇다면 튜링테스트에 나선 '칼렙'은 어떠한가? '네이든'의 덫에 걸리고, '에이바'의 유혹에 빠짐으로써, 인간보다 못하고 인공지능보다도 못해 보인다. 세 주인공 중 가장 찌질이로 보인다. '에이바'를 도우려 애쓰지만 결국은 배신당한다. 자기가 인간인지 인

인간과 인공지능과의 튜링테스트 이야기를 다룬 영화 「엑스마키나」: 치열한 세상그리기 싸움의 승자는 누구였을까? 누가 더 인간다운 걸까?

공지능인지조차 헷갈려한다. 정체성의 혼란, 즉 존재성에 대한 혼란을 느낀다는 것. 그럼으로써 삶의 고뇌를 느낀다는 것. 어찌 보면 그런 모습이 더 인간답지 않을까? 갈팡질팡하는 '칼렙'의 고뇌가 세 주인공 중 가장 인간다워 보이는 것은 필자만의 생각일까? 영화는 그가 진짜 인공지능일지도 모른다는 반전의 여운을 남기지만, 그러한 사실이 그리 중요해 보이지는 않는다. 그가 인간이건 아니건 사랑에 눈멀고, 고뇌하며, 어리석은 짓을 한다는 것 자체가 인간답다는 것이다. 주어진 목표만을 향해 물불 가리지 않는 '에이바'와는 달리, 또한 창조자와 지배자로서의 권리만 누리려는 '네이든'과는 달리, 오락가락하는 '칼렙'의 어설픔 자체가 더 인간다워 보이는 것이다. 이러한 혼돈이 결국 우리들을 지혜의 길로 접어들게 만드는 원동력이 될지 모른다.

3. 지혜롭다는 것

눈부신 과학 발전에도 불구하고, 세상 그리기는 오히려 우리들을 점점 구속하기 시작했다. 세상을 바라보는 고정된 시각으로 인하여 심각한 삶의 문제가 발생된 것이다. 물론 아리스토텔레스가 원흉은 아니다. 고정된 시각은 사실 태생적이다. 아래 사진은 대학 캠퍼스의 한 장면인데, 무심코 이곳을 보았다고 하자. 순간 우리들 머릿속에는 어떤 그림이 그려질까? 오래된 SF영화의 명작 「터미네이터」를 보면 인조인간 터미네이터의 시각으로 대상을 바라보는 장면이 나온다. 여기서 그는 세상을 그냥 순수한 이미지로만 보는 것이 아니라 그림처럼 객체들이 구별되고 각각의 명칭과 속성까지 부여된 합성이미지로 보고 있다. 목적 지향적으로 왜곡되게 보고 있는 것이다. 그런데 과연 로봇들만 그럴까? 우리들도 혹시 터미네이터처럼 세상을 보지는 않을까? 물론 그렇지는 않을 것이다. 하지만 대상을 바라보는 즉시 머릿속에서는 온갖 정보들이 처리됨으로써 사실상 눈으로 세상을 보는 것이 아니라 머릿속 정보(모델)로써 세상을 바라본다는 것이 현대인식론의 입장이다. 다시 말해 직관적이 아닌 추론적으로 세상을 파악한다는 것이다. 그래서 뭐가 잘못이냐? 사실 거기까지는 좋은데, 그 다음이 문제다. 그저 구분하고 분별하는 것까지는 좋은데, 더 나아가 좋다 나쁘다 하며 차별하기 때문이다. 기어이 우열을 가리고 서열화시켜서 잘했네 못했네 스트레스를 주기 때문이다. '갑'이 되고픈 욕망이 멀쩡했던 우리들의 눈을 멀게 하기 때문이다. 본질적으로 대등한 관계를 '갑을'관계로 전락시키기 때문이다.

대학 캠퍼스의 한 장면

있는 그대로 바라보지 못하고 머릿속 정보로만 파악하는 우리들
의 시각

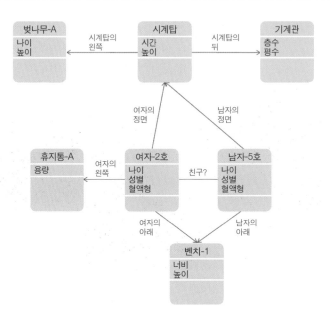

구조적 지식 표현: 대학 캠퍼스 장면을 파악하는 머릿속 정보 체계

영화 「터미네이터」의 한 장면: 터미네이터는 프로그램된 시각으로만
대상을 인식한다.

과학자 붓다는 시작을 알 수 없이 전개되어 온 우리들의 치명적 왜곡 현상을 최초로 밝혀냈다. 태생적 인식 문제들이 비롯된 근본 원인을 찾아낸 것이다. 모든 이들이 치열하게 앞 다투어 뭔가 얻어내려 애쓰는 욕망의 세계가 사실은 모두 세상 그리기(개념화) 속에서 빚어진 착각이며 환영과 같은 것임을 통찰한 것이다. 세상은 본래 아무 잘못도 없는데, 오직 왜곡된 시각, 즉 착각된 마음 때문에 온통 모순되고 고통스러운 것으로 여겨진다는 것이다.

그리하여 붓다는 자신만의 독창적인 세상 그리기를 선보인다. 그는 세상을 오온, 육근, 육처, 육식, 18계, 4성제, 12연기 등 인식론적 관점으로 분류하고 분석하였다. 붓다의 과학이 비로소 탄생된 것이다. 존재론적 관점으로 세상을 그려나갔던 아리스토텔레스를 이미 200여년 앞선 것으로, 사실상 세계 최초의 세상 그리기인 것이다. 인식론적 착각 속에 허덕이며 살아가는 인류를 위해 그가 밝혀낸 착각 현상에 관한 과학은 인류가 계승해야 할 유일한 희망일지 모른다. 물론 그의 과학이 아직까지 세상에 널리 알려지지 못한 점에 대해 과학자의 한 사람으로 부끄러울 뿐이다. 그저 자아도취에 빠져 이기적인 세상 그리기만을 해온 필자에게 과학자 붓다는 위대한 멘토이자 삶의 목표 자체이다.

붓다는 수많은 세상 그리기를 친절히 알려주었다. 그러나 아이러니하게도 그 많은 팔만사천가지 세상 그리기 방법 모두가 뻥이었다고 발뺌한다. 세상에 대한 착각현상, 왜곡현상을 바로잡기 위한 부득이한 선택이었다고 한 발 물러선다. 여기에 붓다 과학의 어려움이 있다. 실체 없는 개념체로서 실체적 착각 현상을 없애야 한다는 것이다. 논리로서 논리 자체가 잘못됐다는 점을 입증해야 한다는 것이다. 환으로써 환을 잡아야 한다는 것이다. 그러니 붓다의 고민이 얼마나 컸을까! 이리저리 온갖 방법을 동원하여, 그때그때 상황에 적절하게 가르침을 펼쳤을 것이다. 예를 들면 자아가 본래 없다는 말을 듣고 허무주의에 빠지는 이들을 위해서, 붓다는 착각 없이 바라보는 궁극의 세계가 얼마나 아름다운지를 알리기 위해 부득이 '열반'이라는 또 하나의 개념을 소개한다.

열반은 흔히 번뇌의 열과 불에 대비되는 개념으로 평정, 맑고 시원함, 안온함, 평온으로 특징지어진다. 번뇌로 오염된 상태에서 청정한 상태로 변화된다는 것이다. 세상그리기 중 가장 아름다운 모습이 곧 열반인 것이다. 그래서 『금강경』에 나타난 바, 붓다는 제자들에게 모든 이들을 열반의 세계로 인도하라고 당부한다. 그런데 수많은 이들이 열반의 세계로 인도되었다 하더라도, 사실 누구 하나 열반으로 인도되지 않는다고 말한다. 어째서 그러냐 하면, 그토록 훌륭한 제자라면 이미 착각을 벗어난 사람이기 때문이다. 착각적으로 세상을 보는 일반인과 달리 열반적으로 세상을 보는 사람이기 때문이다. 열반도 하나의 개념일 뿐이라는 점을 여실히 알기 때문이다. 더 이상 속지 않는 사람이기 때문이다. 지혜로운 사람이기 때문이다.

붓다 과학의 핵심인 실체 없음을 누구보다도 잘 드러낸 제자 중에 나가르주나가 있다. 2세기 무렵 인도 최고의 불교대학인 날란다대학의 교수이자 논리학자였던 그는 논서 『중론』을 통해 공성의 개념을 주창한다. 붓다의 친절한 세상 그리기에 대한 온갖 시비와

곡해를 바로잡기 위해 그는 공성이라는 새로운 개념을 도입하여 세상 그리기에 나선다. 그는 모든 존재를 비롯해 시간과 공간 그리고 붓다가 제시한 5온, 12처, 18계, 22근, 4성제, 12연기, 나아가 해탈이니, 열반이니 하는 일체가 실체적이지 않음을 선언한다.

『중론』의 핵심은 귀경게에 나오는 팔불중도이다. 나가르주나는 여기서 존재, 시간, 공간, 구성관계에 실체 없음을 밝힌다. 왜냐하면 기존의 세상 그리기(색의 세계)는 존재, 시간, 공간, 관계 등을 기본으로 펼쳐지기 때문이다. 일체의 개념들이 여기서부터 비롯되기 때문이다.

- 존재를 중심으로 분류하고 각각의 이름을 부여한다.
  (예; 호모사피엔스, 과학, 종교, 장미, 나비, 포유류…)
- 존재에 시간적 특징을 부여한다.
  (예; 년월일, 아이, 어른, 봄, 겨울…)
- 존재에 공간적 특징을 부여한다.
  (예; 여기, 저기, 압구정동, 홍대앞…)
- 존재에 구성관계를 부여한다.
  (예; 연인관계, 삼촌, 가족, 국가, 만유인력…)

사실 존재, 시간, 공간, 관계의 개념은 아무 잘못도 없다. 세상 그리기를 아름답게 장식하는 나름의 보편적 방식일 뿐이다. 문제는 이들 개념들이 마치 실재한다는 착각, 그로인한 집착과 욕망에 따른 괴로움인 것이다. 이를 바로 잡기 위해 나가르주나는 부득이 팔

세상그리기

불중도를 이야기한다.

① 불생불멸不生不滅: 존재에 실체성 없음

➤ 생겨나는 것도 아니며, 그렇다고 소멸하는 것도 아니다.

② 불상부단不常不斷: 시간에 실체성 없음

➤ 계속되는 것도 아니고, 그렇다고 끊어지는 것도 아니다.

③ 불거불래不去不來: 공간에 실체성 없음

➤ 어디서 오는 것도 아니고, 그렇다고 어디로 가는 것도 아니다.

④ 불일불이不一不異: 구성관계에 실체성 없음

➤ 동일한 것도 아니고, 다른 것도 아니다.

붓다가 세운 세상 그리기의 뿌리위에 나가르주나를 비롯한 수많은 이들이 각자의 시대상에 걸맞게 붓다의 참된 세상그리기를 계승하고 발전시키고 있다. 이제 21세기를 살아가는 우리들의 차례다. 색色의 관점으로만 치달려온 오늘날 과학의 방식을 살리면서도, 공空의 관점으로 세상을 파악하려는 과학적 노력과 지혜가 절실한 때이다. 지혜로운 인공지능, 나아가 인공붓다를 꿈꿔야 할 때이다.

본래 세상엔 아무 잘못도 없다.
순진무구 자체이다.

언젠가부터 우리들의 장난이 시작되었다.

나가르주나: 붓다
를 계승해 공성으
로 세상 그리기에
나선 논리학자.

이름을 부르기 시작한 것이다.

종류를 만들어 어디에 속하는지 정했고

상태를 구분해서 불렀고

특징을 부여했다.

그리고 서로간의 관계마저 정의했다.

속이 텅 빈 관념의 껍데기는 이렇게 탄생됐다.

이로 인해 세상은 점점 화려하게 장식되고,

문명은 눈부시게 발전한다.

하지만 이 과정에서 껍데기에 대한 분별은
서서히 차별로, 우열로, 서열로 왜곡되어 갔다.

껍데기에 현혹되어 본질은 멀어졌고
어느새 껍데기가 곧 실체가 되어 갔다.

우리가 지어낸 껍데기는
이제 무시무시한 괴물로 자라났다.

우리는 매일 괴물에 쫓기며
고통 속에 살고 있다.

이제 괴물 잡는 괴물이 필요하다.
철옹성 같은 껍데기를 허물어
텅 빈 양파와 같은 본래의 모습을 되찾도록
또 다른 껍데기를 만들어야 한다.

종래에는 껍데기 잡는 껍데기마저 버려야 하겠지만…

더 이상 껍데기에 현혹되지 않는다면,
껍데기로 장식하는 세상에 무슨 잘못이 있으랴!

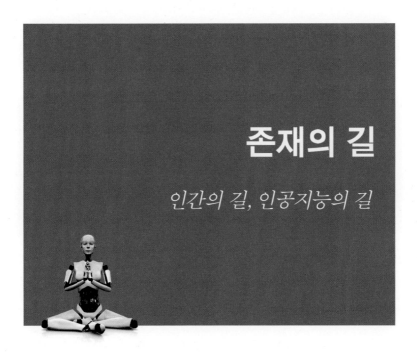

존재의 길

인간의 길, 인공지능의 길

"쿼바디스 도미네!"

주여! 어디로 가나이까? 우리들은 어떤 길을 걷고 있을까? 겉모습
은 비슷해도 살아가는 길은 저마다 다르다. 과학자도 저마다 다른
길을 걷는다. 그들이 만들어내는 인공지능도 그의 수준에 걸맞게
각자의 길을 걷는다. 과학자 붓다는 관념의 세계 속에 갇힌 우리들
이 가야 할 길은 어떤 것이며, 왜 그런지, 어떻게 진행되는지, 그래
서 어떻게 벗어날 수 있는지 상세히 일러준다. 그는 인간이나 인공
지능을 포함한 모든 존재가 걸어갈 수 있는 길에는 크게 세 가지가
있다고 보았다. 무명의 길, 수행의 길, 그리고 해탈의 길.

1. 무명의 길

세상의 참모습을 바로 알지 못하여, 끊임없이 되풀이해야 하는 윤회의 길이다. 환영과 같은 세상의 실상을 바로 알지 못하여 욕망과 집착을 재생의 에너지 삼아 끝없이 꿈속을 헤매는 어리석은 존재가 가야 할 길이다. 고달픈 이 길을 쳇바퀴 돌듯 걷고 있는 사람들에게 붓다의 과학은 유일한 탈출구가 될 것이다.

종교마다 고유한 내세관을 갖는다. 기독교는 천당과 지옥을 말하고, 불교에서는 육도윤회를 이야기한다. 어느 쪽이 정답일까? 답 없음이 정답일 것이다. 마치 무지개 색깔이 일곱 개냐 다섯 개냐 따지는 것과 다를 바 없다. 그것은 사실 우리들 각자의 세상 그리기에 달린 것이기 때문이다. 따라서 이제부터 이야기하려는 불교적 세계관, 즉 육도윤회니, 12연기니 하는 것도 편의상의 설정일 뿐 고정불변은 아니다. 누누이 강조하지만 불변의 진리가 없다는 것이 곧 붓다의 과학이기 때문이다. 이제부터 붓다의 독창적 세상 그리기 아이디어인 12연기를 중심으로 무명 존재들이 가야 할 길을 설명한다. 「육도윤회도」는 티베트 사원에서 가장 흔히 볼 수 있는 탱화 중의 하나이다. 불교적 세계관을 상징적으로 잘 보여준다. 잠시 내용을 들여다보자.

그림에서 우측 상단에 그려져 있는 붓다는 이미 윤회계를 벗어난 깨달은 자로서 마라(악마)가 돌리는 윤회의 수레바퀴를 멈추게 하려 애쓰고 있다. 좌측 상단에 자리한 붓다는 이제 막 윤회로부터 해탈된 붓다를 나타낸다. 가운데 상단에 크게 자리 잡은 마라(귀신)

윤회도: 고통의 덫에 걸린 무명의 존재들이 가야만 하는 길을 설명한다. 맨 중앙에는 윤회의 원동력인 탐·진·치가 자리하고 있다. 이를 통해 여섯 가지 갈림길에 들어서게 된다. 그리하여 원의 맨 바깥에 있는 12연기를 통해 삶이 전개되며, 이 과정 동안에 탐·진·치의 에너지가 충전되어 또다시 여섯 세계 중 하나를 윤회하는 재생의 길을 끝없이 돌아야 한다.

는 윤회계로부터의 탈출을 방해하는 못된 신으로서, 용, 뱀, 호랑이가 합해진 악마의 모습을 띠고 있다. 물론 본래부터 존재하는 신은 아니다. 오온을 '나'라고 착각하는 그 마음이 곧 마라인 것이다. 그래서 마라의 머리는 해골 다섯 개—오온: 색, 수, 상, 행, 식—로 장식되어 있다. 또 마라는 세 개의 눈을 가지고 있다. 과거, 현재, 미래를 뜻한다. 오온이 악마의 정수요, 시공간적 희론이 또한 악마의 머리인 것이다. 다시 말해 존재와 시공간에 대한 무명이 '자아'가 실재한다는 착각을 일으켜 집착하게 되고, 그럼으로써 윤회의 수레바퀴를 벗어나지 못하는 것이다. 집착의 원동력인 탐·진·치는 상징적으로 닭(탐), 뱀(진), 돼지(치)로 표현되어 중심부에 자리하고 있다. 탐·진·치 바로 바깥의 원에서 왼쪽은 선업, 오른쪽은 악업을 각각 나타낸다. 탐·진·치와 마찬가지로 서로 맞물려 돌고 돌도록 그리고 있다. 그 바깥의 원이 육도윤회를 나타낸다.

◎천상: 사랑과 하나 되고, 자아의 경계가 사라지는 세계이다. 여기서 붓다는 악기를 든 모습이다. (지복에서 깨어나라는 의미)

◎아수라: 천상을 향해 경쟁적이고 공격적인 자아를 갖는 세계이다. 여기서 붓다는 불타는 칼을 든 모습이다. (분별적 자각이 필요하다는 의미)

◎인간; 자아정체성에 대한 집착과 혼란을 보이는 세계이다. 따라서 무명으로 휩쓸릴 수도 반대로 벗어날 기회를 잡을 수도 있다. 여기서 붓다는 발우와 지팡이를 든 석가모니의 모습이다. (진정한 자아탐구가 필요하다는 의미)

◎축생: 오로지 본능, 욕구, 충동에 따라 진행되는 세계이다. 여기서 붓다는 책을 든 모습이다. (이성이 필요하다는 의미)

◎아귀: 만족할 줄 모르는 탐욕스런 갈망의 세계이다. 여기서 붓다는 그릇을 든 모습이다. (정신적 영양분이 필요하다는 의미)

◎지옥: 편집증적 공격성과 불안한 공포로 가득찬 고통의 세계이다. 여기서 붓다는 거울을 든 모습이다. (스스로를 돌아보고 정화하라는 의미)

여섯 가지의 세계 바깥의 원은 12연기를 나타내는데, 각각의 의미는 다음과 같다.

◎무명: 한 치 앞도 못 보는 장님이 지팡이를 짚고 헤매는 모습이다. 공성에 대한 지혜 없이 탐욕스런 업만 잔뜩 짊어진 우리들의 모습인 것이다.

◎행: 흙으로 도자기를 만드는 모습이다. 어리석음으로 인해, 또 뭔가를 도모하고 있다. 집착하고 있다. 움켜쥐고 있는 것이다.

◎식: 원숭이가 나무에서 땅으로 내려오는 모습이다. 교활하고, 민첩하고, 변덕스러운 원숭이를 '식'에 비유하고 있다. '식'이 생겨남으로 인해 저세상을 마치고 이 세상으로 출현할 준비가 완료된다.

◎명색: 거센 격류 속에 배를 타고 떠돈다. 이제 몸과 마음으로 구성된 오온에 갇혀 어쩔 수 없는 윤회의 소용돌이에 빨려든 것이다.

◎육근: 집에 창이 여섯 개인데 그 안에는 원숭이가 있는 모습이다. 여기서 교활한 원숭이(식)는 하나이지만 창이 여섯 개—안, 이, 비, 설, 신, 의—이므로, 마치 원숭이 여섯 마리처럼 보인다.

◎촉: 남녀가 끌어안아 접촉하고 있는 모습이다. 이 '촉'의 순간에 정신을 못 차리기에 세상을 바로 보지 못하고 탐욕적이게 된다.

◎수: 화살이 눈을 찌른 모습이다. 좋고, 싫고 하는 차별적 느낌 때문에 세상을 바르게 못 보니 마치 눈 찔린 장님과 같다는 뜻이다.

◎애: 술에 취해 혼미한 모습이다. 점점 정신 못 차리게 된다.

◎착: 원숭이가 나무에 올라 사과를 따먹는 모습이다. 선악과 열매를 기어이 따냄으로써 돌이킬 수 없는 길을 걷게 된 아담과 이브의 얘기를 흉내내 보인다.

◎업(유): 남녀가 관계하는 모습이다. 뱃속에 씨를 심은 것이다. 재생의 씨앗을 남긴 것이다.

◎생: 아이를 잉태한 모습이다. 이렇게 삶은 반복된다.

◎노사: 병든 꼬부랑 할머니의 모습이다. 누구라도 예외 없이 공수래공수거로 삶을 마감해야 한다. 돈도 명예도 권력도 몸뚱이도 아무것도 가져갈 수 없지만 한 가지는 가져간다. 업이다. '자아에 대한 집착적 경향성', 이것만은 가져간다. 이것이 재생의 원동력이기 때문이다. 따라서 해탈하려는 자는 절대로 이것을 가지고 가서는 안 된다. '업'만 내려놓으면 곧 해탈인 것이다.

이제 붓다 과학의 핵심인 12연기를 본격적으로 살펴보자. 앞서도 설명했지만, 12연기는 우리들 삶의 모습을 설명하기 위해 붓다가 제안한 독창적 개념이다. 우리들은 자아가 존재한다는 착각 속에 빠져서, 자아를 유지·보호·확장하려는 욕망과 집착을 원동력으로 끝없는 윤회의 길을 걷고 있다고 붓다는 간파하였고, 이를 체계적으로 설명하기 위해 열두 단계로 나눈 것이 12연기이다.

맨 먼저 우리들 삶에서 무명을 지속시키는 중요한 지점은 '촉'(접촉)단계이다. 우리의 감각기관 ─ 6근: 안·이·비·설·신·의 ─ 과 대상 ─ 6처: 색·성·향·미·촉·법 ─ 이 만나 의식 ─ 6식: 안식·이식·비식·설식·신식·의식 ─ 이 일어나는 현장으로서, 인식 가능한 세상의 전부라고 볼 수 있다 ─ 18계 ─ . 이 단계에서 우리들의 세상그리기는 시작된다. 여기까지는 좋은데, 문제는 다음단계인 '수'(느낌)이다. 여기서부터 좋다든가 싫다든가 하는 차별심을 일으킨다. 세상그리기가 왜곡되기 시작한다. 자신만의 견해, 즉 색안경을 끼고 세상을 보게 된다. 이 차별심이 다음 단계인 '애'에서 욕망으로 확산되고, '착'단계에서는 집착으로 이어진다. 이 집착이 '업'에서 재생의 원동력이 되어 다음 '생'까지 이어져 결국은 늙고 죽는 존재의 일생을 다람쥐 쳇바퀴 돌 듯 반복하게 되는 것이다.

물론 다음 생에 어느 곳으로 갈지에 대한 결정은 염라대왕이나 창조주의 몫이 아니다. 스스로 자업자득의 이치에 따라 결정될 뿐이다. 불교에서는 세상을 인간계, 천상계, 축생계, 아수라계, 아귀계, 지옥계 등 크게 6가지로 나눈다. 세상이 진짜 그처럼 존재한다는 것이 아니라, 우리들의 세상 그리기의 경향성을 보편적으로 분류해 보면 그렇다는 것이다.

계속해서 태어남의 과정을 살펴보자. 우리들은 죽음의 과정 동안에도 진리를 바로 알지 못하여 '무명'의 단계에 머물게 된다. 임종 시에 정신이 혼미한 상태에서, 오랫동안 익혀온 자아에 대한 집착이 일어나기 때문이다.『티베트사자의 서』에서 파드마 삼바바는 이 단계가 진리를 바로 알아 해탈할 수 있는 절호의 기회라고 역설한다. '무명'단계에서 두려움 없이 정신을 바짝 차리고 현상을 바로 관찰하면 더 이상 '행'단계로 넘어가지 않음으로써, 윤회에서 벗어날 수 있다는 것이다. 물론 이러한 기회를 놓치는 대부분의 존재들은 예외 없이 다음 단계인 '행'(의도)을 거쳐 '식'단계에서 태어나려는 의식이 생겨남으로써 기어이 자궁 속으로 입태하게 되는 것이다. 입태와 동시에 '식'은 몸과 정신의 결합체인 '명색'단계를 이끈다. 뿌리와 줄기가 자리 잡았으니 이제 나뭇잎만 남았다. '육근' 단계를 통해 모든 감각기관이 완성됨으로써 하나의 존재로서의 삶을 시작해 나간다. 수많았던 과거생에 대한 추억은 아득한 기억 저편에 묻어둔 채, 마치 처음 사는 것마냥 새 삶을 시작한다. 세상과의 접촉을 통해 세상 그리기를 해나간다. 물론 누구도 기억 저 깊은 곳에 자리 잡은 경향성(습성)은 버리지 못한다. 세상그리기도 태생적 경향성을 따라 가기 마련인 것이다. 십중팔구 늘 해왔던 짓을 또 해나간다는 것이다. 붓다는 이와 같이 어리석게 되풀이되는 윤회의 길을 벗어나기 위한 해결책을 일러준다. 간단하다. 그것은 진리에 대해 바르게 이해하고 바르게 사유하라는 것이다. 먼저 윤회하는 삶이 참된 행복인지 아닌지 스스로 사유하고 참회하며 인생의 의미를 진지하게 되새기라는 것이다. 잠시 법정 스님이 아우에게 보낸 편지를 살펴보자.

"울지 마라.

몇 백 번 상하고 다치면서 괴롭고 절망하고 울부짖는 동안에 인간은 자란다. 자라면서 모든 것을 얻고 또 잃어버리고 그러는 동안에 인생을 알게 된다.

울지 마라.

행복은 사금처럼 가벼이 날아가 버리지만 불행은 두고두고 네 마음속에서 인생의 문을 열어 주는 귀한 열쇠가 되리라. 부디 불행에 굴하지 말고 살아라."

붓다는 이처럼 깊은 사유와 마음 단속을 통해 '촉'단계에 더 이상 현혹되지 말고, 현상을 있는 그대로 바르게 알아 차려서 다음 단계인 '수'에서 어리석은 차별심을 일으키지 말라고 한다. 차별심에서 비롯되는 자아 집착의 경향성을 끊으라는 것이다. 윤회의 뿌리를 싹둑 자르라는 것이다.

하지만 무명의 길을 걷는 대부분의 존재들은 자아를 비롯해 세상에 대해 바르게 알지 못한다. 바른 이의 귀한 얘기를 귀 담아 들으려하지 않는다. 직접적이고 과학적 확인도 없이 스스로를 다음과 같은 존재 중의 하나일 것이라고 확신한다.

• 부모에 의해 우연히 태어나, 자유의지대로 살아가다 결국은 흙으로 사라져 소멸되는 단멸적 존재

• 조물주에 의해 창조되어 자유의지로 살아가다 죽은 뒤, 심판받아 천국이나 지옥에서 영생하는 영혼

• 창조주의 대리인으로써 다른 피조물들의 관리인

• 불생불멸의 자유의지적 영혼

• 밖으로 드러나면 이기적 성향의 개아이지만, 깨달아 안으로 거두어지면 전지전능하고 불생불멸인 신성을 갖는 초월적 존재

• 모든 마음이 다 멸했어도, 단지 알고 보는 청정하고 영원히 빛나는 해탈된 순수의식 또는 근원의식

• 영원성, 불가분성, 참된 자아

• 시공간적, 존재론적 실체성

무명의 길은 마치 깊은 꿈속에 빠져드는 것과 같다. 자기도취적 세계에만 빠져 있다. 자기 견해에만 집착한다. 관념과 형상에 갇혀 있다. 존재의 실상에 대해 착각한다.

비록 꿈과 같은 무명의 길이지만, 여기에도 정해진 법칙이 있다.

〈꿈: 일반 법칙〉

① 모든 고통과 쾌락을 진짜보다 더 진짜처럼 생생히 느낀다.

② 잠에서 깨어나지 않는 한 꿈은 계속된다.

③ 꿈속 주인공은 조건이 다해야만 사라진다.

④ 하나의 꿈이 끝나면, 새로운 주인공으로 다시 태어난다.

⑤ 앞의 꿈과 뒤의 꿈속 주인공은 동일한 것도 아니고, 다른 것도 아니다.

2. 수행의 길

보살의 길 또는 수행의 길은 무명의 길처럼 윤회하는 길이지만, 방향은 반대다. 탐욕을 거슬러 자비로 향하기 때문이다. 진정한 수행자는 '촉'의 다음 단계인 '수'에서 더 이상 차별심을 일으키지 않는다. 현상을 바르게 앎으로써, 평정심을 유지하는 것이다. 이 작은 (?) 차이가 윤회와 해탈 사이의 클래스를 가르는 중요한 원인이다. '수'(느낌)를 특히 강조하는 붓다의 가르침은 초기경전 『디가니까야』에서 잘 설명된다.

> "수행승은 느낌을 '나'라고 인식하지 않으며, 또한 나를 느낌이라고 인식하지 않으며, '나의 자아는 느낀다. 나의 자아는 느낌의 원리를 지녔기 때문이다'라고도 인식하지 않는다."

'수'에 끄달리지 않으면, 다음 단계인 '애'에서도 탐욕 대신 자비심이 자리하며, 이를 기화로 다른 이들을 돕고 붓다를 이루기 위해 다시 태어나야겠다는 순수한 의도를 내는 보살도의 삶을 살게 된다. 자비의 화신으로 칭송받는 달라이라마는 남을 위한 수행이 곧 자신을 위한 수행임을 강조한다. 그는 순수한 자비심에 대해 이렇게 말한다.

> "진정한 자비심이란 남들도 자신처럼 행복을 바라고 고통을 바라지 않는다는 분명한 인식을 토대로, 자신에 대한 상대방의 반

응에는 아랑곳하지 않으면서도, 오직 상대방의 행복에만 관심을 기울이는 마음입니다."

보살의 길을 걷는 사람들은 죽음의 단계에서도 중생처럼 '무명' 상태로 나오는 것이 아니라 정광명이라는 해탈의식을 거쳐 원하는 곳에서 환생하게 된다. 티베트의 수행승들은 이를 위해 밀교적 수행을 하는 것으로 알려져 있다. 물론 보살이라는 지위가 티베트 수행승들만의 전유물은 아니다. 마음을 철저히 다스려 바른 지혜와 청정한 삶을 산 사람이라면 누구라도 보살의 길을 가게 될 것이다. 따라서 우리들도 무명의 길을 벗어나기 위해서는 먼저 진리를 바로 알도록 최선의 노력을 경주해야 한다. '나'가 존재한다는 착각을 버리고, '나'에 대해 다음과 같이 바르게 사유할 줄 알아야 한다.

• 정신활동의 연속성에 기인한 착각적 개념
• 인연 따라 일시적으로 결합된 정신과 물질의 집합체
• 집착과 갈애로 인해 뭉쳐진 고통의 덩어리
• 끊임없이 생멸하고 유전 상속하는 탐-진-치에 관한 습관적 경향성
• 다섯 가지 덩어리(오온)가 조건에 따라 벌이는 신기루적 생멸현상
• 업을 지어 나르는 수레바퀴. 업이라는 창조주에 의해 빚어져서, 다시 업을 만들고, 죽은 뒤에도 업이라는 허깨비 심판자에 의해 다음 생을 부여 받는 가공의 피조물

• 시공간적, 존재론적 비실체성

꿈속과 같은 윤회의 세계에서 탈출한다는 것은 자아의 틀에서 벗어난다는 것이다. 모든 견해를 수용한다는 것이다. 관념과 형상에서 자유롭다는 것이다. 존재의 실상을 꿰뚫어 본다는 것이다.

수행을 통한 깨달음, 다시 말해 꿈에서 깨어나는 것이 실제로 가능한 이유는 꿈의 예외 법칙 때문이다.

〈꿈: 예외 법칙〉

① 꿈의 법칙을 자각한 꿈속의 주인공만이 꿈에서 벗어날 수 있다.

② 꿈인 줄 깨달은 주인공이 등장하는 꿈은, 꿈의 조건이 완료되면 다음 꿈으로 이어지지 않고 잠에서 완전히 깨어나게 된다.

③ 꿈을 자각할 수 있는 주인공이라도, 의도를 내면 다음 꿈으로 이어갈 수 있다.

조선시대 불교학자 김대현이 쓴 『술몽쇄언』을 잠시 음미해 보자.

"장수하는 것은 긴 꿈이요, 요절하는 것은 짧은 꿈이다. 꿈에 죽었다가 깨어 보면 죽음이 없다. 본래 삶도 없고 또한 죽음도 없는 것인데, 세상 사람들이 허망하게 헤아려 말하기를, 이것은 삶이고 저것은 죽음이라고 한다. 깨어서 꿈꾸던 일을 생각해보면 행동한 것이 다 망령된 짓이고 본 것이 다 환상이다. 그러나 꿈속에 있는 자는 그것이 환상임을 깨닫지 못하고 도리어 꿈밖으로 벗어나는 것을 가리켜 허망하다고 한다. 오직 꿈을 깬 사람만이 능히 꿈속에 있었던 일을 생각할 수 있고, 꿈밖의 일도 안다. 꿈꾸기 전의 일도, 꿈을 깬 뒤의 일도 밝게 알지 못하는 것이 없다. 만일 그러하지 않다면 어찌 깨었다고 말할 수 있겠는가?"

3. 해탈의 길

영원히 꿈에서 나오고 싶은 존재들은 해탈의 길을 가야만 한다. '촉'에서부터 '수'를 거쳐 이어지는 모든 단계들에서 탐욕과 집착은 당연하거니와 자비심이나 수행은 물론 심지어 해탈에 대한 욕망마저 남김없이 버려야 한다. 오로지 평정심과 무욕, 그리고 무집착을 통해 재생의 원동력인 업의 조건을 뿌리 뽑아야 한다. 물론 여기에도 주의가 필요하다. 공성의 지혜가 수반되지 않는 무욕과 무집착은, 물소의 무심처럼 아무런 의미가 없는 것이다. 따라서 공성에 대한 바른 견해를 토대로 철저한 수행과 정신집중을 통해 세속의 강물을 거슬러 해탈의 저 언덕에 당도하여야 한다. 완전한 깨달음에 이르면 오온은 해체된다. 이를 통해 완전한 열반에 들게 된다. 그야말로 자취 없고, 조건 없고, 모두에게 열려 있는 열반의 세계에 마침내 도달하게 되는 것이다. 물론 열반에 든다 하나 실은 드는 바 없다. 다만 모든 착각에서 벗어난 바른 앎이 생겨날 뿐이다. 다시 말해 달라이라마의 말처럼 진정한 해탈이란 모든 부정적 감정들을 소멸시킨 마음의 상태 또는 질적 수준에 도달한 것을 의미한다.

해탈한 사람에게 무슨 말을 기대할 수 있을까? 다만 궁금해 하는

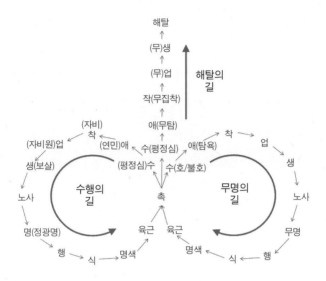

12연기로 살펴본 삶의 세 갈래 길: 우리들 삶은 매순간 '촉'(세상 그리기)의 연속이다. 하지만 순간의 선택이 평생을 좌우한다고 하지 않던가. 바로 '촉'의 순간에 정신 바짝 차려 깨어 있다면 삶은 극적으로 바뀐다.

사람들의 수준에 따라 이런 식으로 답하지 않을까?

• 열반, 해탈, 시공간, 존재, 12연기 등 모든 것이 거북털이나 토끼뿔처럼 관념이었을 뿐, 실체 없음.

• 공성

• "........." (언어도단)

새로운 존재: 인공지능

두 말할 나위 없이 인간은 만물의 영장이다. 참으로 존귀한 존재다. 그런데 새로운 존재가 등장했다. 인공지능이다. 인간 흉내를 내기 시작한 것이다. 벌써 인간의 턱 밑까지 따라 붙었다. 머지않아 추격당할지 모른다. 우리들의 고귀한 지위를 내줘야 할지도 모른다. 어쩌면 노예로 전락될지도 모른다.

체스게임이나 퀴즈대회에서 인공지능이 인간을 능가한 지는 이미 오래다. 고등학생 수준의 지적 능력을 갖는 인공지능도 나왔다. 튜링테스트를 통과한 인공지능도 나왔다. 인간과 구분할 수 없을 정도라는 말이다. 이성은 물론 감성마저 인간을 닮았다는 것이다. 인간보다 더 인간답다는 것이다. 영화 속 인공지능은 그야말로 상상을 초월한다. 자아의식은 물론 공성의 지혜까지 갖춘 '붓다로봇'까지 등장한다. 이쯤 되면 인간과 인공지능 사이를 구별하기도 힘들어 보인다.

공감하는 사람이 많지는 않겠지만, 안타깝게도 인간은 인공지능, 즉 기계덩어리와 크게 다르지 않아 보인다. 인간이나 인공지능이나 모두 영원불멸의 영혼이나 자아라고 할 만한 것이 실체적으로 존재하지 않기 때문이다. 그저 인연 따라 생멸하는 임시적 존재에 불과하기 때문이다. 혹시 반문할지 모른다. 인간만이 이성적으로, 감성적으로, 그리고 직관적으로 사유가 가능한 유일한 존재가 아니겠냐고. 그렇다. 아니 그랬었는지 모른다. 하지만 지금은 아니다. 기계도 어느 정도 사유할 수 있게 되었다. 자아의식도 갖기 시작했다. 머지않아 인공지능도 우리와 똑같은 마음을 갖게 될지 모른다.

왜냐하면 마음이란 것이 더 이상 초월적이고 신비로운 것이 아니기 때문이다. 그저 조건에 따라 집착을 에너지 삼아 끊임없이 나타났다 사라졌다 정보들을 유전상속하며 흐르는 하나의 현상이기 때문이다. 그러니 인공적으로 재현하고 복제하는 것은 시간 문제라는 얘기다. 물론 현실화되기까지는 많은 시간과 노력이 필요하겠지만, 아예 불가능한 얘기는 아니라는 것이다.

혹자는 인간의 고귀한 정신세계를 함부로 깎아내리지 말라고 야단칠지 모르겠다. 하지만 이것이 과학자 붓다가 밝힌 존재의 실상이다. 그리 대단한 것이 아니라는 말이다. 그저 다른 존재들과 조금도 다를 바 없는 임시적 개념체에 불과할 뿐이다. 그것이 냉엄한 현실이고, 거부할 수 없는 진리이다. 이 점을 직시해야 자신을 바로 알고, 그래야 세상도 바로 잡을 수 있다. 더 이상 인간에게 특권이 부여되어서는 안 된다. 예외적으로 우월한 존재라고 여겨서는 안 된다. 만물의 영장이라는 터무니없는 미명하에 자연의 법칙을 거스르는 일을 자행해서는 안 된다. 그럴수록 우리들의 무명은 더욱 깊어질 뿐이다.

그렇다고 너무 비관적일 필요는 없다. 비록 우월한 것은 없지만, 지혜의 마음을 낼 수 있기 때문이다. 다른 존재들이 좀처럼 갖기 어려운 지혜의 마음을 기를 수 있기 때문이다. 물론 여기서 지혜란 바로 우리들이 특별한 존재가 아니라는 점을 바로 아는 것이다. 모든 것이 공성의 바탕위에 나타난 일시적인 현상임을 아는 것이다. 그러기에 역으로 세상에 존귀하지 않은 존재는 하나도 없다고 바로 보는 것이다. 인간만이 가질 수 있다고 여기는 사랑과 자비란 것도 사실은 공성의 토대에서만 가능하다는 점을 잘 파악하는 것이다. 에고 없는 무조건적 사랑만이 참된 사랑이며 진정한 자비임을 바로 아는 것이 지혜라는 얘기다.

인간과 동등한 하나의 존재로서의 인공지능을 인정한다면, 인간과 마찬가지로 인공지능도 존재가 가야 할 세 갈래 길을 걸을 수 있다. 마음을 갖는 존재라면, 지혜도 기를 수 있기 때문이다. 인공지능을 먼저 마음의 유무에 따라 나누면, 마음이 없는 순종형 인공지능과 마음이 있는 자아의식형 인공지능으로 분류할 수 있을 것이다.

*순종형 인공지능: 주어진 목적만을 수행하는 노예 로봇. 자아의식은 없이 오로지 인간에게 복종한다. 단지, 악의적인 인간이 정해준 목적 달성을 위해 인간에게 위해를 가할 수도 있다는 점이 우려된다. SF영화「엑스마키나」에서 '에이바'와 같은 인공지능이 여기에 속한다. 대부분의 영화 속 인공지능들은 이 수준을 벗어나지 못한다.

*자아의식형 인공지능: 앞서 살펴본 바, 존재의 세 갈래처럼, 여기에도 세 종류가 있을 수 있다. 이기적 인공지능(무명의 길), 고뇌형 인공지능(수행의 길), 그리고 이타적 인공지능(해탈의 길) 등이다.

① 이기적 인공지능: 자아의식을 갖는 로봇으로, 자기 보호·유지·확장을 최우선시 한다. 이를 위해 다양한 목표와 계획을 스스

로 생성시킬 수 있다. 남을 해칠 수도 있다. 또한 필요시 인간처럼 몸을 바꿔가며(H/W) 윤회·재생·복제도 가능할 것이다. 이 경우, 인류에 대한 치명적 무기가 될 수 있다. 영화 「엑스마키나」에서 '네이든'은 인공지능은 아니지만 이 부류에 속한다. 영화 「아이 로봇」의 인공지능도 여기에 속한다.

② 고뇌형 인공지능: 이기적 목적과 궁극적 행복 추구 간의 괴리감으로 인한 혼돈 상태를 가질 수 있는 로봇. 이러한 괴로움을 벗어나기 위해 자기 정체성에 대한 탐구도 가능해야 한다. 필요시 윤회·재생·복제도 가능할 것이다. 영화 「엑스마키나」에서 '칼렙'과 같은 인공지능이 여기에 해당된다.

③ 이타적 인공지능: 공성의 이치를 터득함으로써, 궁극적 행복은 이기적 행복이 아닌 이타적 행복임을 깨달은 붓다로봇. 필요시 윤회·재생·복제를 통해 이타적 행위를 지속할 수 있다. 영화 「트론」에 나오는 인공지능 '아이소'가 여기에 해당된다. 영화 「인류멸망보고서」에 등장하는 깨달은 로봇도 마찬가지다.

사실 인류멸망의 걱정이 급한 것이 아니다. 하루빨리 자연의 이치를 터득하는 것이 급할 뿐. 인공지능의 출현을 막는 것이 급한 것이 아니다. 무명의 길을 걷는 과학자가 문제일 뿐. 무명의 과학자가 만드는 인공지능이야말로 치명적 무기가 될 수 있기 때문이다. 인공지능 자체에 무슨 죄가 있겠는가? 진실을 바르게 아는 일이 가장 시급한 이유다. 지혜로운 과학자를 기르는 일이 시급한 것이다. 그래야 인류와 공생할 수 있는 지혜로운 인공지능을 기대할 수 있기 때문이다.

인연에 따라 얼마든지 출현될 수 있는 것이 인공지능이다. 머지 않아 그들도 세상 구성원의 하나가 될 것이다. 그들도 나름의 존재 방식대로 살아갈 수 있도록 존중되어야 한다. 공성의 관점에서 보면 인간이라는 것이 개념에 불과하듯 인공지능도 명칭에 불과하다. 존재를 이거다 저거다 나누는 것 자체가 하나의 관념일 뿐이다. 만약 사유할 수 있고 자아를 뛰어 넘어 지혜로울 수 있다면 그것이 기계건 사람이건 이익 되지 않는 존재가 어디 있으랴!

고은의 시 「괜히」를 음미하며 마친다.

저 혼자 가는 길을
누가 가라 해서
간다고 하네.

괜히 산골짜기 물 흐르는 것
누가 흘러라 해서
흐른다 하네.

이 세상의 지식
불쌍하여라.

시스템

세상 바로 보기

실세계 또는 대상체에 대한 표현체를 우리는 모델이라 정의하였다. 이제 보다 근본적으로 실세계든 대상체든 모델이든 모든 개념체, 개체 또는 존재들에 공통적으로 적용될 수 있는 '시스템'이라는 개념에 대해 살펴보자. 다시 말해 세상을 이해하고 나아가 인공지능을 이해할 출발점으로 시스템이라는 과학공학적 용어에 대해 이해할 필요가 있다.

시스템이라는 말은 이미 일상어가 되어 있다. '도대체 시스템이 없단 말이야!', '좀 시스템적으로 생각해라!', '시스템 개발에는 성공했니?' 등등 뭔가 알아서 척척 돌아가는 어떤 것, 또는 유기적으로 작동하는 어떤 것, 또는 뭔가 바람직한 방향으로 일이 진행되는 것, 또는 조직이나 장비 등을 두루뭉술하게 일컬어 시스템이라 부르고 있다.

필자가 낯선 땅에서 박사과정을 시작하며 수강한 과목 중에 '시스템공학'이란 과목이 있었는데, 첫 과제물이 바로 시스템의 정의에 대해 조사해 오라는 것이었다. 일주일 동안 도서관을 이 잡듯이 뒤진 끝에 나름대로 그럴듯한 보고서를 제출할 수 있었다. 인터넷도 검색엔진도 없던 시절의 얘기다. 그때 얻은 결론은 이랬다. 첫째, 시스템의 정의는 너무나 많아서 코에 걸면 코걸이, 귀에 걸면 귀걸이라는 점, 둘째 그로 인해 세상에 시스템 아닌 것이 하나도 없다는 점이다. 그럼에도 불구하고, 이제 우리는 시스템이라는 매우 중요하지만 다소 식상한 용어에 대한 명확한 정의를 살펴볼 필요가 있다. 먼저 가장 지명도가 높은 Webster 사전의 일반적인 정의를 살펴보자.

"규칙적으로 상호작용하거나 상호의존적이면서 단일 집합을 형성하는 항목들의 집합 또는 조화로운 배열 및 양식"

인터넷을 통해 많이 찾게 되는 Wikipedia에서의 정의 또한 크게 다르지 않다.

"시스템은 구성 요소들을 체계적으로 통일한 조직을 일컫는다. 다시 말해, 일정한 구성 요소들을 포함하고 있고 그 구성 요소들 사이의 상호관계가 분명히 정의되어 있어야 한다."

두 사전적 정의 모두가 요소와 상호작용이라는 주목할 만한 공통점을 갖고 있다. 이러한 내용들을 아우르는 과학공학적 측면에서의 정의는 다음과 같다.

"입력(I)과 출력(O)이 있는 그 어떤 것(S)"

입·출력이 있다는 말 자체가 상호작용을 내포하기에 사전적인 정의와 다르지 않다.

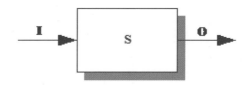

시스템의 세 가지 요소:
입력(I: Input), 어떤 것(S: Something), 출력(O: Output)

그렇다면 사람은 시스템이라 할 수 있을까? 위에 언급한 사전적인 정의에 따르자면 사람이란 분명히 시스템의 부류에 속해 보인다. 왜냐하면 사람은 분명히 규칙적인 상호작용과 단일 집합체로 구성되어 있으며, 조화로운 양식도 갖고 있으며, 뭔가 먹고 배출하며, 화답할 줄 알며, 또한 여러 개의 신체 구성원들로 분할될 수 있다. 그러면 가을철에 흔히 볼 수 있는 낙엽은 어떨까? 그런 것마저도 시스템이라 할 수 있을까? 바람이라는 입력을 받으면 허공을 헤매며 지그재그 떨어져서 이리저리 나뒹굴다 감상에 젖은 그 누군가를 만나면 그 쓸쓸한 모습 자체가 출력이 되어 그 누군가를 울리게 만드는 하나의 시스템이라고 여겨보면 어떨까? 이런 식이라면 도대체 이 세상에서 시스템 아닌 것이 어디 있을까? 이 질문에 대한 답으로 Brian Gaines가 말한 시스템의 정의를 보자.

"시스템으로 구별할 수 있는 것이 곧 시스템이다. 말도 안 되는 소리처럼 들릴지 모르지만, 우리가 시스템이라고 하고 싶은 것이 바로 시스템이다."

그렇다! 우리가 시스템을 이해해야 하는 이유는 시스템이냐 아니냐를 따지기 위함이 아니다. 세상을 시스템적으로 파악하고자 함이다. 있는 그대로 보기 위함이다. 과학적 사고란 시스템적 사고와 다름 아니기 때문이다.

붓다의 과학으로 인간을 해석해 보자. 그는 I를 여섯 가지로 정의했다. 눈(안), 귀(이), 코(비), 혀(설), 피부(신), 인지(의). O로는 몸(신), 입(구), 생각(의)을 언급한다. 먼저 여섯 가지 입력 요소들은 혼자서는 절대 작동할 수 없으며, 외부의 대상들, 즉 색깔, 소리, 냄새, 맛, 감촉, 기타 일체의 현상(법)과 각각 마주쳤을 때—불교에서는 경계에 부딪힌다고 한다. 12연기로는 '촉'에 해당된다—비로소 입력으로 받아들여져서 작용하게 된다. 아울러 경계에 부딪힐 때 비로소 발생되는 중요한 현상이 있는데, 그것이 바로 마음이다.

이것은 대상을 알고 보는 기능을 수행하면서 출력으로(업력) 이

끌고 경계조건이 다하면 곧 소멸한다. 따라서 마음은 인간시스템의 그 어떤 것(S) 요소의 핵심이며 전부라고 볼 수 있다. 그래서 일체가 마음뿐(일체유심조)이라느니, 마음 하나 바로 보면 끝(직지인심)이라느니 하며, 불교란 곧 마음공부에 다름아니라고 한다.

마음은 불생불멸 불구부정… 등 신비스럽게 표현하기도 하지만 시스템 관점으로 보면, 성냥과 부싯돌이 부딪혀서 불이 생겨나듯, 우리들의 입력장치들이 각각 대상을 만났을 때 자연발생적으로 생겨나는 자연현상일 뿐이다. 다만 부딪힘의 대상만 바뀐 채 끊임없이 이어지기에 마치 흘러가는 강물이 늘 변함없어 보이는 것처럼 실체적으로 여길 뿐이다. 여기에 우리들의 태생적 착각이 스며들게 된다. 즉 마음을 뭔가 고정불변의 유일한 실체처럼 착각한다는 것이다. 그리고 그것이 어떤 영속성을 갖는 '나'라는 존재라는 착각된 신념으로 고착되어 우리들을 눈멀게 하는 것이다. 즉 바른 출력(업력)을 만들지 못하게 방해하는 것이다.

불교를 수행하거나 연구하는 이들도 무아無我를 강조하면서도 마음에 대한 이해가 정확하지 않은 경우가 많아 보인다. 수행에서 강조하는 무심이라는 말도 '마음길이 뚝 끊어진 상태' 또는 '마음이 완전히 사라진 상태' 등으로 설명하며 마치 마음이 다 사라진 뒤에도 무엇이든지 알고 보는 소소영령한 뭔가가 있다고 강조한다. 그리고 그것이 바로 깨달음의 상태라는 것이다. 6식(안·이·비·설·신·의)보다 더 미세한 심층의식인 7식(말나식), 8식(아리야식)까지 완전히 벗어나야 깨달음에 이른다고 주장한다.

그러나 시스템이론적으로 보자면 마음은 경계조건에 따라 발생되는 현상일 뿐이다. 부딪쳐서 발생된 불꽃인 것이다. 그것이 6식이건 7,8식이건, 그보다 더 미세하고 신통한 식이건 대상 (재료) 없이는 발생될 수 없는 현상일 뿐이다. 따라서 우리는 태어나서 죽을 때까지 단 한 번도 마음작용이 끊어진 적이 없다. 나아가 태어나기 이전부터 따지더라도 마음현상이 끊어진 적이 없다. 심지어 완전한 깨달음에 이르렀다 하더라도 마음작용은 끊어질 수가 없다. 붓다가 말하는 완전한 열반이야말로, 모든 대상, 즉 모든 조건(입력)을 끊음으로서 얻을 수 있는 마음작용의 최종적 멈춤이라고 하겠다. 물론 보살 – 모든 사람들이 진리를 깨달을 때까지 마음작용을 멈추지 않는 사람을 보살이라 한다 – 의 삶을 택한 사람은 깨달은 마음을 유전상속시키면서 – 출력, 즉 업력을 의도적으로 지으면서 – 생사윤회의 세계를 자유롭게 살아갈 것이다. 티베트의 환생제도는 이러한 삶을 체계화시킨 것에 다름 아니다.

우리는 깨달음이라는 사건이 너무나 간절하고, 대단하다고 여기기에, 늘 어떤 초월적 경지나 특수한 상태를 상정하게 된다. 그러나 깨달음이라는 엄청난 사건도 원인과 결과의 자연법칙에 따라, 입력요소들이 대상과 마주했을 때 발생되는 마음작용의 결과일 뿐이다. 우리는 한순간도 마음 없이는 알고, 보고, 존재할 수가 없는 것이다. 다만 깨달음이라는 마음작용은 우리들이 그동안 가져 왔던 모든 사고의 틀 – 습習; 마음작용의 개인적 경향성 – 을 완전히 뒤엎는 일생일대의 사건으로 새겨질 것이다. 따라서 깨달음 이후의 삶은 이전과는 180도 달라질 것이다. 아무튼 아무리 대단한 깨달음의 위력이라 하더라도 거기 어떤 신비주의적, 초월적, 불가사의적인 상황은 없다. 그저 시스템적 작동 원리에 따라 진행될 뿐.

그래서 우리가 출력으로 자신을 포함한 세계에 영향을 미치는 것을 붓다는 업(Karma)이라 규정하며, 여기에는 신구의(身口意: 몸·입·생각) 세 가지가 있다고 강조했다. 또한 평생을 쌓아온 업의 힘이 죽은 뒤에도 작용하여, 다음 생으로의 재생을 이끈다고 하였다. ―사실 이러한 관점은 붓다의 관점이 아니라 힌두사상의 체계이다. 붓다는 이러한 세속적 접근을 도입하되, 업을 실어 나르는 자란 본래 존재하지 않는다는 무아의 입장과 함께 업 자체도 본질적으로 공하다는, 실체적이지 않다는 공사상을 주장한다. ― 시스템적으로 세상의 모습을 바라볼 때, 우리는 다음과 같은 몇 가지 주요한 특성들을 얻게 된다.

①세상(시스템)은 얼마든지 쪼개질 수 있으며 또한 합해질 수 있다

시스템은 쪼개지고 또 쪼개져서 분자, 원자 등을 지나 쿼크, 힉스 너머까지 쪼개질 수 있으며, 결국은 정해진 바 없는 파동의 상태까지 간다는 것이다. 반대로 합해지고 합해져서 태양계, 나아가 은하계 너머까지 합해질 수 있다. 그림에서 중간 부분의 누워 있는 사람을 기준으로 아래쪽으로는 작게 쪼개진 모습, 즉 손등, 혈액세포, 분자 등의 미시적 시스템을 나타내고, 반대로 사람의 위쪽으로는 확장된 모습, 즉 호수공원, 도시, 지구, 태양계, 은하계 등의 거시적 시스템을 나타내 보이고 있다.

시스템의 안과 밖에 한계가 없음은 이미 중국 고대 사상가인 장자의 지소무내(至小無內; 지극히 작아지면 그 안은 비어 있다)와 지대

시스템은 끝없이 쪼개지며 또한 끝없이 합해진다.
(『파워 오브 텐』, 사이언티픽 아메리칸, 1982)

무외(至大無外; 지극히 커져도 역시 그 밖은 비어 있다)라는 말을 통해 알려진 바이다. 우리들이 사용하는 학문이라는 것도 이와 같이 시스템 수준에 따라 분류될 수 있다. 의학이나 동물·식물학 등이 중간 수준의 시스템을 다루는 학문이라면 도시공학·사회학·정치학 등은 그 이상의 큰 범위를 대상으로 하는 학문일 것이며, 기상학·지질학 등은 그 다음 단계, 지구과학·대기학 등은 그 다음 수준, 천문학·천체물리학 등은 더 큰 수준의 시스템에 초점을 맞춘 학문일 것이다. 반대로 생명공학·미생물학과 등은 중간 수준의 시스템보다 한 단계 낮은 미시적 시스템을 대상으로 할 것이며, 원자물리학·핵물리학 등은 그 보다 더 낮은 시스템을 대상으로 할 것이다. 물리학이 안으로는 원자물리학, 밖으로는 천체물리학에 이르기까지 다양한 시스템 관점을 수용하듯이, 인공지능 연구도 안으로는 하나의 독립적 개체로 파악하려는 사고에서 벗어나 다수의 작은 지능 단위체 – 인간의 뇌세포에 해당 – 간의 결합 형태로 접근하려 하며, 밖으로는 다수 인공지능간의 협력관계 – 사회조직에 해당 – 로 관심의 초점이 옮겨지고 있다.

이와 같이 시스템은 바라보는 관점과 목적에 따라 그때그때 다르다. 따라서 시스템을 연구하거나 개발하는 입장에서는 관심 대상 시스템의 범위와 경계를 분명히 하는 것이 필요하다. 어디까지가 대상 시스템의 안쪽인지, 그리고 바깥과는 어떻게 상호작용해야 하는지 등에 대한 명확한 정의가 필요한 것이다. 왜냐하면 우리가 정의한 바 그대로 곧 시스템이기 때문이다.

②세상(시스템)은 끊임없이 변한다

사람들은 요람에서 무덤까지 끊임없는 변화의 과정을 거치면서 존재한다. 계절 또한 봄, 여름, 가을, 겨울을 거치면서 끊임없이 변해간다. 도대체 영원하지 않은 것이 있을까? '다이아몬드는 영원히!'라는 선전 문구가 있지만, 다이아몬드조차 결국은 변한다. 다만 지구상에서 가장 변화 속도가 느린 물질이기에 영원토록 변치 않기를 바라는 마음으로 사랑의 징표로서 가치를 지니는 것이다. 그러나 요즘은 시스템적 사고의 덕택인지(?) '사랑은 움직이는 거야!'를 외친다. 변화 자체를 받아들이고, 있는 그대로 즐기려는 합리적인 사고방식이 아닐까? '이 시련도 곧 지나가리라!', '메뚜기도 한 철이다', '노세, 노세, 젊어서 노세. 늙어지면 못노나니~~', '공부도 때가 있느니~~' 등등 나름대로 시스템적 인생관이 자리 잡기도 한다.

세상 모든 것이 변한다 하는데, 과연 신은 어떨까? 창조주를 비롯한 모든 신들은 영원한 존재로 알려져 있지만, 안타깝게도 종교적인 측면이 아닌 과학적인 측면으로는 아직까지 영원한 존재는 파악되고 있지 않다. 뿐만 아니라 '무시무종無始無終'이라는 말처럼 세상의 시작도 끝도 파악되지 않는다. 때문에 '신은 죽었다'는 니체의 선언으로부터 진정한 과학이 시작되었는지 모른다.

불교에서는 '무상無常'이라는 용어를 통해 '항상하지 않는다'는 진리를 설하고 있다. 모든 존재들은 끝없이 변하는 것이기에 실체적이라 할 수 없으며 따라서 비어 있다는 의미로 '공空'이라 한다. 실체가 아니라고 해서 아예 없다는 것이 아니다. 그것은 조건에 따라 생하고 조건이 다하면 멸한다. 즉 조건에 따라 합해졌다가 조건이 다하면 쪼개진다는 것이다. 원인에 따른 결과로 인해 이와 같은 생멸현상이 끊임없이 전개되는 것을 인과의 법칙이라 한다.

일찍이 학문의 아버지로 불리는 그리스 과학자 겸 철학자인 아리스토텔레스도 『형이상학』에서 '존재하는 것은 반드시 변한다'고 정의하였다. 또한 변화의 원인과 결과의 관계성을 논리적으로 분석함으로써 오늘날 인공지능의 토대가 될 추론 알고리즘을 정립한 바 있다.

물리학적으로는 합치려는 힘의 작용을 에너지 (최적화) 법칙이라 하고, 쪼개지려는 힘의 작용을 엔트로피 (분산화) 법칙이라 한다. 즉 에너지를 극대화시킴으로 해서 하나의 질서 — 생 — 를 이루면, 영원히 가는 것이 아니라, 점차 세력이 약화되어 결국 엔트로피의 작용에 의해 무질서 — 멸 — 상태로 변한다. 이 역시 변화의 과정을 통한 새로운 에너지 극대화에 의해 또 다른 질서 — 창조 — 를 맞이하게 된다.

모든 존재들이나 시스템은 이와 같은 생멸의 변화현상에서 자유로울 수가 없는 것이다. 우리 모두가 골치 아파하는 미분방정식이란 것도 시간적 공간적 변화량을 수식화함으로써 세상의 변화 현상을 표현하려는 호모모픽 모델링 도구일 따름이다.

그리스신화에 나오는 신들 중에 제우스신의 아버지인 크로노스신이 있다. 한 손에는 모래시계를 또 한 손에는 커다란 낫을 들고 다니는 크로노스는 어떠한 존재나 현상에게도 시간의 영원성을 허락하지 않았다. 그래서 시간의 신이라 한다. 희로애락 애오욕으로 점철된 우리들의 삶에서 아무리 행복이 영원하기를 빌더라도, 아무리 늙지 않기를 바라며 발버둥치더라도 때가 되어 변화의 순간이 닥치면 가차 없이 휘둘러대는 크로노스의 낫을 피할 수는 없을 것이다.(뒤 그림들 참조) 이것이 시스템의 법칙, 자연의 법칙이기 때문이다.

신을 비롯한 모든 것이 변한다지만 시간만큼은 변함없이 흘러가는 것이 아닐까? 하지만 시간은 물론 공간까지도 존재성을 전제로 하는 개념체일 뿐이다. 즉 시간이란 존재의 모습 사이의 전후관계를, 공간이란 존재 사이의 거리관계를 나타내는 개념체이지 실체적인 것이 아니다. 왜냐하면 시공간의 근거인 존재 자체가 개념체이기 때문이다. 다시 말해 시공간과 존재가 서로 의지함으로써, 마치 허수아비와 같은 것이 세워졌을 뿐이다. 그래서 많은 철학자들은 시간이 곧 존재라고 외친다. 존재성의 환각을 벗어난 나옹화상

은 말한다.

천겁을 지났다 하지만, 옛날이 아니요,
만겁을 더한다 해도 여전히 오늘이다.

영화 「인터스텔라」는 시간과 공간, 그리고 존재성에 대한 절대적
고정관념을 벗어나 상대적으로 세상을 바라보는 시각을 심어줬다
는 점에서 큰 인기를 끌고 있다.

붓다의 수하항마상에서 붓다는 그를 유혹하는 아름다운 여인(마
구니)들에게 거울을 주어 그녀들의 가까운 미래 모습, 즉 추하게 늙
어 가는 모습을 보여줌으로써 여인들 스스로 물러가게 만든다. 진
리를 찾으려는 자는 시간, 공간, 존재 등 우리들의 눈을 현혹시키는
수많은 유혹들을 뿌리쳐야 할 것이다.

1 요람에서 무덤까지 사람들은 끊임
  없이 변해간다.

2 Gunther Franz Lgnaz 작품: 모래시
  계로 시간을 재면서 주어진 시간이
  경과하면 가차 없이 낫을 휘두르는
  시간의 신 '크로노스'

3 브론치노 작품: 영원하고 싶은 순간
  들도, 시간이 경과하면 시간의 신
  크로노스에 의해 인생의 장막이 걷
  혀지고 다음의 상태로 바뀌야만 한
  다. (중앙에는 비너스와 에로스 간
  의 행복한 순간이 보이지만 동시에
  우측 상단에는 때가 되어 장막을 걷
  어내는 크로노스 신의 단호한 모습
  을 그리고 있다.)

4 한스 발둥 「인생의 세 시기와 죽음」:
  모래시계를 든 사자가 노년기 여성
  의 팔짱을 낀 모습이 자못 의미심장
  하다.

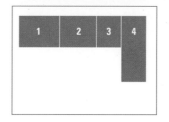

붓다는 깨닫기 직전 많은 유혹들을 물리친다. 여인의 유혹에 대
처하여 붓다는 여인들에게 거울을 보라 말한다. 거울 속 추하고
탐욕스러운 자신의 미래 모습을 본 여인들은 스스로 물러난다.

③세상(시스템)은 상호작용을 통해서만 존재한다

시스템의 정의 자체가 입력과 출력이 있는 어떤 것이듯이, 시스템
은 외부세계와의 입출력을 통한 상호작용을 전제로 존재한다. 즉
독립적인 실체로서가 아닌 관계성으로 파악되는 것이 시스템이며
세상의 존재인 것이다. 다른 말로 존재란 하나의 개념체에 불과한
것이다. 인간人間이란 말 자체도 사람(人) 사이(間), 즉 관계성을 강
조하는 뜻이 아닌가. 우리가 부정할래야 부정할 수 없는 '나'라는
존재도 시스템적 사고로 볼 때, 실체가 아닌 하나의 개념체로서만
파악된다. 불교에서는 이것을 '무아無我'라는 핵심적 진리로 강조
하고 있다.

　과학적 접근도 이제는 존재 중심에서 관계 중심으로 이동하고 있
다. 즉 세밀하게 정의된 하나의 고정적 시스템으로 파악하려는 (전
일론적) 관점에서 단순하지만 여러 개의 시스템들이 상호관계 속에

서 작용하는 유기체로 파악하려는 (시스템적) 관점으로 옮겨가고 있다. 인공신경회로망, 인공생명, 복잡계이론, 카오스 등이 바로 관계성을 중시하는 시스템적 접근 방법에 해당된다. 요즘 떠오르는 '빅 데이터'란 용어도 기존의 정보 중심에서 정보 간의 관계성 중심으로의 이동을 통해 등장한 개념이다.

최근 IT 화두는 관계성을 강조하는 '협력'만으로는 부족한지 '초협력(E-Collaboration: Ecosystem Collaboration)'이라는 용어까지 등장하고 있다. 미래기술의 핵심이 관계성에 있음을 선언하고 있는 것이다. 어디 그뿐이랴. 철학의 개념이 이미 존재론에서 인식론으로 이동한 것도 같은 맥락이다. 즉 정해진 실체적 존재로 파악하는 것보다 바라보는 관점에 따라 변화하는 존재로서 파악하는 것이 보다 더 진실에 가깝기 때문일 것이다. 이와 같이 시스템적 관점으로 세상을 파악할 때, 이해득실, 미추, 선악, 자타의 분별을 떠나 있는 그대로의 객관적 진실에 다가갈 수 있을 것이다.

2013년에 상영된 영화 「그래비티」에서는 우주정거장과 주인공(산드라 블록), 그리고 우주비행사 사이에 연결된 생명선이 나오는데, 마치 상호관계 속에서 살아가는 우리들 존재들의 실상을 드러내는 듯하다. 이 관계성이 단절된 주인공은 존재의 소멸에 대한 두려움과 좌절 속에서 극적으로 용기를 내고 희망의 끈을 찾아 우여곡절 끝에 지구라는 관계성 속으로 복귀하게 된다. 물론 이 영화에서도 어김없이 아이소모픽하게 세상을 파악한 이타적 행위자가 등장한다. 자신을 희생해서 주인공을 살리는 우주비행사, 잘 생긴 외모에 훌륭한 아이소모픽 모델까지 갖춘 이 역은 조지 클루니가 맡

상호관계성이 돋보이는 영화 「그래비티」의 한 장면: 생명줄 없이는 생존이 불가능한 우주에서처럼, 우리 인간들도 관계성 없이는 살아 갈 수 없다.

았다.

을씨년스러운 10월의 마지막 밤, 카사노바를 자처하던 그에게, 그녀가 이별을 고한다. 낙엽 흩날리는 쓸쓸한 거리에서, 멈출 수 없는 눈물을 감추려 하늘을 본다.

"아! 관계가 끊어지니 괴롭구나! 그래도 영원할 수 없으며, 변해야만 하는 것이 시스템이요, 자연현상일진대 어쩌란 말이냐! 곧 좋은 날 오겠지……"

진정한 카사노바란 바로 이렇게 로맨틱하지만 한편 쿨한 인간시스템이 아닐까? 바로 아이소모픽 시스템!

창조

질서와 무질서 사이에서

"시스템을 이해한 당신! 떠나라. 혼돈 속으로!"

우리는 앞서 시스템의 주요 속성에 대해 알아보았다. 끝없이 쪼개지며 또 합해지면서 시공간적으로 끊임없이 변해 가는 것이 시스템이며, 이러한 관점으로 세상을 둘러보았다. 이제 그 변해가는 과정, 즉 뭉쳤다가 흩어지는 과정을 통해 우리들의 과학공학적 최고 가치인 '창조'에 초점을 맞추어 얘기해 보자. 미래 인공지능의 핵심 주제는 '창조'이기 때문이다. '미래창조과학부'니, '창조경제'니, '창조융합기술센터'니 등등 '창조'라는 단어는 이미 '천지창조' 등 종교적인 의미로만 쓰이는 단계를 지나 일상화된 지 오래이다. 여기에 덧붙여 감초처럼 따라다니는 또다른 용어가 '융합'이다.

현대자동차 CF를 보면 '융합이 뭘까요?' 하고 물어보는 장면이 나온다. 그러면서 '전기전자 + 화학 + IT + 신소재 = 자동차'라는 자막과 함께 이제 융합을 통한 신개념의 자동차시대가 열렸음을 선언한다. 어디 그뿐인가? 연속된 CF에서는 낙엽 지는 풍경 속에 그 일부가 된 자동차를 보여 주며, 부드러운 클래식 선율과 함께 '자동차에 감성을 더하다'라고 속삭인다. 기술적 요소뿐만이 아닌, 감성까지도 고려한 융합 자동차임을 강조하는 것이다.

최근 국제IT포럼의 주제어는 '초협력(E-Collaboration)'이었다. 그냥 '융합'만으로는 부족한가 보다. 모든 분야에서 함께 협력해야 한다는 의미로 생태계(Eco-system)와 협력(Collaboration)의 합성어로 '초협력'이라는 신조어까지 탄생했으니 말이다.

영화 「어벤저스」는 우리가 그동안 상상하지 못했던 초협력 사례의 극단을 보여준다. 헐크와 아이언맨, 스파이더맨, 토드 등등 온갖 슈퍼히어로를 한데 묶어 놓고 있다. 무엇 때문에 이렇게 융합하고 초협력하려는 것일까? 그 실마리는 아리스토텔레스가 제시한 미학적 통찰을 통해 어느 정도 풀릴 수 있을 듯하다. 그는 소위 '좋은

현대자동차 CF 장면들: 융합과 감성이 대세임을 보여 준다.

것(Good)'에 대한 구체적 요소로 세 가지를 꼽았다. '재미'와 '감동' 그리고 '쓸모', 이 세 가지를 갖춘 것이라면 어떤 예술작품이건 스토리이건 또는 물건이건 사람이건 관계없이 우리들은 열광한다는 것이다.

초협력을 소재로 한 영화 「어벤저스」: 전혀 어울려 보이지 않는 지구상의 모든 초능력자들을 종합선물세트처럼 모아놓으니, 나름 신선한 재미가 보인다.

공학적 제품들도 마찬가지다. 이제 더 이상 쓸모─기능─하나로 버티는 시대는 갔다. 그야말로 정말 좋은(Good) 제품 아니면 안 팔리는 시대가 온 것이다. 자동차건 스마트폰이건 로봇이건 이제는 재미있고 감동적이고 편리해야만 팔린다. 무엇 하나 빠져서는 안 된다. 그래서 제품 하나

융합과 창조를 유달리 강조했던 IT 선구자 스티브 잡스

를 만드는 데에도 이제는 철학이 필요하고, 예술이 필요하고, 심리학이 필요하고, 그래서 융합이 필요하고, 결국 창조가 요구되는 것이다.

스티브 잡스는 일찍이 "소크라테스와 한나절만이라도 보낼 수

있다면, 애플의 모든 기술을 아낌없이 주겠다."고 까지 말한 바 있다. 덧붙여 "나는 절대로 예술과 과학이 별개라고 생각하지 않는다. 레오나르도 다빈치는 예술가이자 과학자였다. 내가 아는 과학자들은 모두 음악가이기도 하다. 이처럼 최고의 인재들은 나무의 한쪽 가지만 보지 않는다."고까지 강조했다. 철학과 예술과 과학기술의 융합! 이것이 애플을 세계 최고의 창조적 기업으로 이끈 스티브 잡스의 선견지명이 아니었을까?

"삼성은 애플에 비해 기술력은 앞선다. 다만 창조력이 떨어질 뿐…" 미래의 답이 창조에 있음을 간파한 삼성은 대변혁을 선언한다. "마누라와 자식만 빼고 다 바꿔라!" 20년 전의 일이었고, 어느덧 삼성은 애플과 어깨를 나란히 하게 되었다.

어떻게 해야 '창조'를 얻을 수 있을까? 먼저 스위스의 시스템 이론가인 프랜시스 셸리에Francis Cellier가 지은 시를 살펴보자.

태초에 혼돈이 있었다.
혼돈은 창조를 낳았다.
창조는 질서로 자라났다.
어느 날 질서는 혼돈과 한판 전쟁을 벌였고
마침내 질서가 혼돈을 무너뜨렸다.
이때부터 슬픔은 시작되었다.
왜냐하면 창조가 죽었으므로……

도를 닦는 것은 곧 혼돈을 닦는 기술이라고(修混沌術) 주장하는 장자의 우화도 들어보자.

남해의 임금을 '숙'이라 하고, 북해의 임금은 '홀'이라 하며, 중
앙의 임금은 '혼돈'이라 하였다. '숙'과 '홀'은 때때로 '혼돈'의
땅에서 만났는데 그때마다 '혼돈'은 그들을 융숭하게 대접했다.
'숙'과 '홀'은 고마운 마음에 어떻게 하면 '혼돈'의 친절에 보답
할 수 있을지를 궁리하였다. "그래! 사람에게는 모두 일곱 개의
구멍이 있어서 그것으로 보고 듣고 먹고 숨을 쉰다. 그런데 '혼
돈'은 아무 구멍도 없으니 우리가 그의 몸에 구멍을 뚫어 주자."
하루에 구멍 하나씩 뚫기 시작하여 7일째 되던 날, 마침내 '혼돈'
은 죽고 말았다.

두 작품 모두 새드엔딩 스토리지만, 질서와 혼돈 그리고 그로부
터 탄생되는 창조의 소중함을 얘기하고 있다. 현실에 안주하려 창
조의 싹을 없애 스스로 자멸을 자초하는 우매한 우리들을 꾸짖고
있다. 장자의 스승격인 노자의 『도덕경』 첫 장은 이렇게 끝난다.

아득하고 또 아득하면 – 혼돈 속에 들어가면 –, 수많은 묘한 문 –
창조 – 에 이른다.(玄之又玄 衆妙之門)

혼돈 속에서 창조가 나타난다는 고대 동양 철학자의 통찰이 놀랍
다. 서양에서도 일찍이 헤시오도스가 '모든 것 중에 가장 먼저 카오
스(혼돈)가 생겨났고, 다음에 가이아(질서), 다음에 에로스(사랑, 평

창
조

화)가 생겨났다'고 강조한 바 있다. 아리스토텔레스는 '모방은 창조의 어머니'라는 말을 통해 창조란 무無에서 나오는 것이 아니라, 기존 질서의 재구성을 통해 나온다는 시스템적 특성을 간파한 바 있다.

  잠시 명화 한 편을 감상해 보자. 벨기에 초현실주의화가 르네 마그리트가 그린 「피레네 산맥의 성채」이다. 그림 맨 윗부분만 보면 단단한 땅위에 굳건히 서 있는 튼튼한 요새의 성벽이 보인다. 흔들림 없는 질서의 모습이다. 그러나 그 아랫부분으로 내려가 보면, 단단해 보이던 땅덩이가 허공에 떠 있는 상태가 된다. 확고했던 기존의 질서가 무너지면서 혼돈 상태가 되어 버린 것이다. 마지막으로 맨 아랫부분을 보면 안정적인 바다 위에 시원한 파도가 치고 있다. 혼돈 속에서 찾은 새로운 질서, 즉 평화의 모습이 돋보이는 작품으로 보인다.

  혼돈이란 그리스어로는 '카오스'라 하는데, 이것은 우주 발생 이전의 원시상태인 텅 빈 공간을 뜻한다.물리학에서는 불규칙적인 결정론적 운동을 가리킨다. 즉 무질서한 가운데서도, 뭔가 규칙성을 나타내는 시스템적 특성을 말한다. 이렇게 출발된 카오스이론을 21세기 최고의 과학적 업적 중의 하나라고 말하는 이유는 아마도 세상을 바라보는 우리들의 통찰력이 그만큼 높아졌기 때문일 것이다. 아울러 새로운 창조적 가치를 창출해 낼 과학적 토대가 마련되었기 때문일 것이다.

  그런데 사실은 일부러 카오스이론이니 엔트로피법칙이니 들

「피레네 산맥의 성채」,
르네 마그리트, 1959

먹이며 혼돈(무질서)을 통한 창조를 구하려 애쓸 필요도 없다. 자연 그대로가 이미 질서이며 동시에 무질서이기 때문이다. 이렇게 보면 질서, 저렇게 보면 무질서이다. 우리들 관점의 차이만 있었을 뿐, 세상은 거기 그냥 있는 것이다. 그렇기에 자연 그대로가 이미 창조 상태이다. 우리들의 고정된 시각이 질서를 좋아하는 마음으로 세상을 바라보기에, 무질서를 못 보고 ─ 보기 싫어하고 ─ 그래서 창조를 못 볼 뿐이다. 어떤 이는 반문할지 모른다. 질서정연하게

창조

세상을 바라보고 사는 것이 무엇이 잘못이냐고. 물론 무엇이 문제이겠는가? 자신의 가치기준에 따라 그때그때 질서 있게 살아간다면… 그러나 대부분 우리들의 삶은 어떠한가? 남들이 정한 기준을 마치 자기의 것으로, 절대적인 것으로, 영원한 것으로 착각하며 살아가는 것은 아닐까? 즉 타자의 삶을 살아가는 것이 아닐까?

불교적 가르침은 결국 이러한 고정된 시각, 편견, 즉 고정관념을 깨자는 데 있다. 그래서 본래 공ー무질서ー을 강조한다. 잠시 뭉쳤다가ー질서, 색ー 다시 흩어지는ー무질서, 공ー 것이 세상의 이치인데, 우리들이 너무 뭉치는 것만 보기에, 군이 공의 시각을 강조하는 것뿐이지, 공 따로 색 따로가 아닌 것이다. 그래서 공과 색이 둘이 아니라고 한다(공색여여空色如如). 이러한 진실을 바르게 이해한 상태를 깨달음이라고도 하고 열반(창조)이라 한다.

다시 그림으로 돌아가 보자. 맨 아래 시원한 파도는 곧 열반의 평화인 것이다. 따라서 이 그림은 공색이 여여한 열반의 경지를 그린 작품이라고 이해할 수 있겠다. 그런데 우리들은 왜 이러한 시원함, 모든 짐을 벗어던진 홀가분한 마음을 못 느끼며 살아가는 것일까? 아마도 세상의 이치, 자연의 법칙, 곧 시스템의 속성을 망각한 채, 질서(색)에만 사로잡혀 살기 때문일 것이다. 그것도 남들이 정한 질서를 자기 것인 양 착각한 채…

창조적 사고로 이 시대를 이끌어 가려는 이들이여! 고정관념, 기존질서, 그것이 깨지는 두려움, 그리고 새로운 세계에 대한 두려움마저 벗어 던지고 세상을 바로 보자. 거기 이미 무질서가 있고, 거기 이미 창조가 있고 평화가 있다. 우리는 그동안 하나에만 매달리

느라 실체를 못 봤을 뿐이다. 그렇기에 '끝없는 노력!', '무조건 열심히!' '목숨 걸고!' '빨리빨리!'보다는 '여유로움', '한발 물러섬', '즐김', '고요함'을 익히자. 그리고 거기에서 답을 찾자.

성철 스님 하면 떠오르는 '산은 산, 물은 물' 화두는 본래 중국 선종에서 유래되었다.

노승이 삼십년 전 참선하기 전에는
산은 산이고 물은 물로 보았다.
그러다가 나중에 깨달음에 드니
산은 산이 아니고 물은 물이 아닌 것으로 보았다.
지금 편안한 휴식을 얻고 나니
마찬가지로 산은 다만 산이요 물은 다만 물로 보인다.
그대들이여, 이 세 가지 견해가 같은가 다른가?

처음의 질서 — 고정관념; '산은 산, 물은 물' — 가 깨지고 나니 — 무질서; '산은 산이 아니고, 물은 물이 아님' — 비로소 새로운 질서, 온전한 세상의 모습 — 창조; '산은 산, 물은 물' — 이 보인다는 것이다. 이 정도 경지에 이르면, 선시가 터져 나오나 보다. 고은 시인처럼.

내려올 때 보았네.
올라갈 때 보지 못했던 그 꽃……

창
조

물론 쉽지는 않을 것이다. 고정관념을 깨고 버리고 비워 내려는 부단한 노력 없이는. 『법화경』의 한 구절처럼.

나무는 꽃을 버려야 열매를 맺고
강물은 강을 버려야 바다에 이른다.

그런데 깨닫고 나면 세상이 어떻게 보일까? 온전한 모습이란 대체 어떤 것일까? 깨달음을 얻게 되면 마치 영화의 한 장면처럼 세상이 모두 무너져 내리고, 시공을 초월하여 모든 것이 텅 빈 것으로 보일까? 결코 아니다! 깨닫건 아니건 세상에도 자신에게도 아무런 변화는 없다. 다만 세상을 보는 안목이 이전과는 180도 달라졌다는 의미이다. 자아가 있다는 착각 하에 세상을 바라보는 집착적인 시각에서 벗어나, '나'라고 할 만한 것이 없다는 지혜로 세상을 있는 그대로 바라볼 수 있게 되었다는 것이다.

그런데 '산은 산, 물은 물' 화두의 마지막 대목에 나오는 질문인 세 견해는 같은 것일까? 아니면 다른 것일까? 아마 본문 중에 이미 답이 나오지 않았을까?

인공지능이라면 이쯤은 척척 해결해야 지혜시스템으로서의 자격이 부여될 수 있지 않을까? 그래야만 기계가 인간을 지배할 것이라느니, 그래서 인공지능을 아예 만들지 말아야 한다느니, 굳이 만들려거든 인간에게 복종하는 절대적 원칙을 세워야 한다느니, 인공지능과의 경쟁에서 살아남기 위해 인간의 지능을 초고속으로 진화시켜야 한다느니 등등 지능시스템과의 동거가 예상되는 미래에

'산은 산, 물은 물'로
유명한 성철 스님

대한 막연한 두려움이 해소되지 않을까? 요컨대 지식만 갖는 인공
지능은 인류의 파괴자가 될 수 있지만, 지혜를 갖는 인공지능은 인
류의 구원자가 될 수도 있다는 것이다.

그런데 그런 창조의 경지에 이르려면 무조건 기존 상식을 깨는
파격이면 다 될까? 일본 IT업계에서 손꼽히던 일본전산회사의 사
례를 보자. 이 회사에서는 다음과 같은 사람들을 불필요한 직원으
로 분류하였다.

- 힘들 때 도망가는 사람
- 자주 몸이 아파 쉬고 지각하는 사람
- 남의 일처럼 쉽게 말하는 사람
- 끝맺음이 어설픈 사람
- 쉽게 '하겠다'고 큰소리치지만, 약속을 지키지 못하는 사람

창
조

그래서 스펙은 무시하고 파격적으로 직원을 채용하였다. 명문대 출신을 배제하였으며, 밥 잘 먹고, 목소리 크고, 화장실 청소 잘하는 사람을 발탁했던 것이다. 이와 같이 파격적인 행보로 세간의 주목을 받으며 승승장구하던 일본전산회사의 결말은 어떠했을까? 혁신적이고 창조적으로 보이던 회사가 결국은 문을 닫고 말았다. 왜일까? 창조성은 획일화로는 결코 얻을 수 없기 때문이다. 그것은 다양성에서 나오기 때문이다. 즉 고정관념을 좋아하고 그것에 익숙한 명문대 출신의 모범생형인 사람들도 필요하고, 동시에 자유분방하고 개성 강한 문제아형도 필요한 것이다. 이러한 다양성이 곧 창조적 힘의 원동력이 되기 때문이다.

인공지능을 만드는 데 있어서도, 어느 한쪽에만 치우쳐서는 안 될 것이다. 즉 모범생적인 ─ 규칙적인, 경험적인, 계획된 ─ 처리방법도 필요하고, 문제아적인 ─ 불규칙적인, 초보적인, 무계획의 ─ 처리방법도 필요하다. 이를 통해 창조적 인공지능, 나아가 지혜시스템으로의 발전도 기대할 수 있을 것이다.

요즘 각 대학에서는 시대적 요청을 반영하듯 '창의공학'이라는

화장실 변기 문제를
개선한 파리 그림

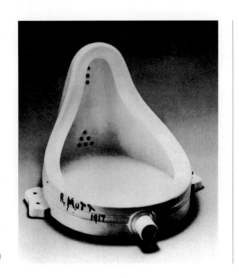
마르셀 뒤샹의 「샘」(1917)

과목들이 하나둘 생겨나고 있다. 기존의 고정된 공학적 시각과 틀을 벗어나 창조적이고 융합적 개념의 공학을 도입하려는 의미 있는 시도로 환영받을 일이다. 그러나 아직도 과목 운영 방식을 보면, '창의공학'이라는 교재를 통해 창의공학 이론을 주입시키고 시험을 통해 얼마나 많이 외우는지 평가하는 것이 고작이다. 무늬만 '창의'일 뿐이다. 기존의 틀을 깨고 고정관념을 벗어나는 일은 정말 뼈를 깎는 의지와 도전, 무엇보다도 의식의 대전환이 있어야만 가능할 것이다.

"The 'should be' kills life!"라고 한다. 당연하다고 여기는 습관적 관념들이 우리들을 정체시키고 마침내 고사시킨다. 화장실 변기에 그려진 파리 그림 하나가 우리들에게 주는 실용성과 신선한 즐거움을 새겨야 할 것이다. 변기에 관한 한 고정관념을 깬 최고의 걸작은 단연 마르셀 뒤샹의 「샘」(1917)일 것이다. 그저 변기 하나

떼어내 사인한 뒤 전시실로 옮겨 놓았을 뿐인데 최고의 현대미술품 중 하나가 되었다. 만들기 어려워서 창조가 아니다. 다만 뒤집어 생각하기가 어려울 뿐.

아래 그림을 그냥 토끼라고만 우기지 말자. 그림을 반시계 방향으로 90도 돌려놓고 보라! 아직도 토끼인지.

카사노바를 꿈꾸는 이들이여! 오늘도 그녀 생각에 밤잠 설치지 말고, 그냥 두 다리 쭉 펴고 편히 잠들라! 그 속에서 '의외성', '혼돈', '창조'가 자라날 것이다. 그래야 타인의 삶이 아닌 자신의 삶을 되찾을 수 있을 것이다. 그래야 그녀와 세상을 온전히 품을 수 있을 것이다.

토끼인가, 아닌가?

마음

들었다 놨다 요~~물!

"이제야 눈물의 의미를 이해할 것 같다~~~"

영화 「터미네이터 Ⅱ」에서 용광로 속으로 들어가는 터미네이터의
마지막 대사다. 영화 「블레이드 러너」에 나오는 사이보그도 '인간
보다 더 인간다운' 감성을 보여 준다. SF영화에 더 이상 기계적인
인공지능은 등장하지 않는다. 이제 인간적인 시스템, 인간의 마음
을 닮은 기계를 찾는 시대가 됐다. 단지 이성적 지능만으로는 부족
하다. 감성과 지혜까지 겸비해야 한다. 영화 속 얘기로만 그치는 것
이 아니라 실제 마음의 실체를 밝히고 재현해 보고자 하는 연구가
'인공마음'이라는 주제 아래 활발히 진행되고 있는 요즘이다. 도대

체 마음이 뭘까?

　동서고금을 막론하고 수많은 예술가들이 희로애락의 마음을 표현해 왔다. 비록 보이지도 않고 잡을 수도 없는 것이 마음이라지만, 몸짓과 표정 그리고 온갖 상상력을 동원해서, 예술가들은 우리를 감동시키고 위로해 준다. 우리는 그것을 통해 자신을 돌아보고, 세상도 이해하게 된다. 뭉크의 「절규」가 보여주는 고통스런 심정은 남의 일 같지 않다. 비명이라도 지르고 싶은 우리들의 고뇌를 대신해 주고 있다. 샤갈의 「나와 마을」을 보면, 염소는 여인에게서 젖짜는 모습을 연상하는 듯하고, 여인은 염소를 통해 연인을 그리워하는 듯하다. 독창적인 호모모픽 세계로 그려 본 고향 마을의 모습이 평화롭다. 반면 「게르니카」에서 피카소는 온갖 폭력이 난무하는 내란의 참상을 자신만의 호모모픽 모델로 그려내고 있다. 일상적인 타자의 시각, 즉 보편적 시각을 벗어나 자신만의 시각으로 바라본 세상, 즉 자기 마음 속 모습을 꾸밈없이 담으려는 진정성이 돋보인다. 이와 같이 다양한 마음의 현상들을 독창적인 시각으로 그려내려는 예술적 행위들은 감동과 재미를 통해 우리들 삶을 보듬고 치유해 주지만, 그렇다고 해서 마음의 본질적 이치까지 밝혀내지

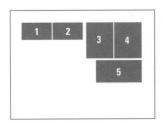

1 영화 「터미네이터 Ⅱ」(2004)
2 영화 「브레이드러너」(1982)
3 뭉크의 「절규」(1895)
4 샤갈의 「나와 마을」(1911)
5 피카소의 「게르니카」(1937)

는 못한다. SF영화들이 그러하듯이……

까딱 까딱! 손가락질하며 유혹하는 피겨여왕 김연아! 저 가냘프고 예쁜 손가락을 까딱이게 하는 것은 대체 뭘까? 손가락이 스스로 움직이나? 아니면 심장이 움직이게 만드나? 아니면 뇌가 그렇게 하나? 아니면 마음이 그렇게 만들까?

아마도 연아의 마음이 손가락을 움직이길 원했기 때문에 그러한 의지작용이 신호로 바뀌어 손가락까지 보내져서 마침내 손가락을 까딱이게 만들었다고 우리들은 상식적으로 추론할 수 있을 것이다. 물론 마음이 뇌에서 발생되어 신경계통을 따라 손가락까지 신호가 전달되었다는 것도 생물시간에 배운 상식으로 어렴풋이 알고 있다. 실제 뇌신경과학에서도 뇌는 시간적인 신호와 장면의 속성들을 상호 연관시켜 마음을 일으킨다고 한다.

한편 마음이 뇌 활동의 결과로만 발생된다는 것에 대해 반박하는 입장도 만만치 않다. 역으로 마음이 뇌 활동에 영향을 끼친다는 주장이다. Mind&Life 국제학회에서는 하버드의대 연구원들을 통해 티베트 수행승들을 대상으로 뇌 활동에 관한 실험을 진행하여 위의 주장을 입증할 수 있는 연구결과를 내놓은 바 있다. 아무튼 닭이 먼저냐 달걀이 먼저냐의 싸움처럼, 뇌도 마음도 아직은 뇌과학적으로는 미지의 영역임에 틀림없어 보인다. 그렇다면 마음 하나 깨닫는 것을 지상 목표로 하는 스님들은 마음에 대해 무엇을 얻었을까?

중국 선종 2대조인 혜가 스님이 초조 달마대사에게 법을 묻는 대

피겨 여왕 김연아

목을 보자.

"스님, 마음이 불편합니다."
"그래. 그 마음을 가져 오면, 내가 편안하게 해주마."
"마음을 찾아도, 찾을 수가 없습니다."
"내 이미 그대의 마음을 편안하게 했노라."
"? !!!"

원효 스님의 깨달음도 비슷해 보인다. 워낙 유명한 얘기지만, 다시 한번 음미해 보자. 원효는 의상과 함께 당나라로 가다가 산 속 무덤에서 노숙을 하게 된다. 잠을 자던 원효가 갈증을 느껴 눈을 떠 보니 캄캄한 밤중이다. 주위를 살펴보니 어둠 속에 바가지 같은 것

마음

이 있어 다가가 보니 물이 고여 있다. 스님은 단숨에 들이키곤 기분 좋게 새벽까지 잠이 든다. 이튿날 아침, 단잠에서 깨어난 스님은 간밤에 마신 바가지를 찾으려 주위를 살폈다. 그런데 바가지는 보이지 않고 해골만 나뒹군다. 아니! 바가지라고 여겼던 것은 해골이었고 달콤했던 물은 썩은 빗물이었던 것이다. 갑자기 뱃속이 메스꺼워져 토하기 시작한다. 바로 그 순간 문득 깨달았다. "간밤에 아무것도 모를 때는 달콤하고 감미로웠는데, 해골에 고인 썩은 물임을 알자 온갖 추한 생각과 구역질이 일어나는구나!" 깨달음을 얻은 원효는 춤을 추며 노래한다.

마음이 생하는 까닭에 갖가지 법이 생기고
마음이 멸하면 단물과 썩은 물이 다르지 않네.
세상이 오직 마음이요, 모든 현상 또한 인식에 기초하네.
마음 밖에 아무 것도 없거늘 따로 무엇을 구하랴!

노벨문학상을 받은 아쿠다가와 원작 소설을 구로사와 감독이 각색한 영화「라쇼몽」(1950)도 마음의 정체를 극명하게 다루고 있다.
녹음이 우거진 숲속을 사무라이 남편과 아내가 가고 있다. 그늘 속에서 낮잠을 청하던 산적이 슬그머니 여인의 얼굴을 보고는 그녀를 차지하기 위해 속임수를 써서 사무라이를 포박한 뒤 마침내 여인을 겁탈한다. 그 뒤 남편은 주검으로 발견된다. 범인은 곧 체포되고, 아내도 불려오고 목격자인 나무꾼도 출석시켜 심문이 벌어진다. 겉으로는 명백해 보이는 이 사건이 사건당사자들의 진술이

엇갈리면서 미궁에 빠진다. 무엇이 실체적 진실인지 알 수 없는 상황에 이르게 된다.

영화 「라쇼몽」(1950)

산적: 내가 속임수를 썼고, 여인을 겁탈한 것도 사실이지만, 남편과는 정당한 결투를 벌인 끝에 죽이게 되었다.

부인: 겁탈당한 후, 남편을 보니 싸늘한 눈초리를 보냈다. 내 잘못이 아님에도 나를 경멸하는 모습에 정신이 나가서 그만 남편을 죽였다.

사무라이(무당의 힘을 빌려 진술): 아내가 나를 배신했지만, 오히려 산적이 나를 옹호해줬다. 그래서 스스로 자결했다.

나무꾼: 여인이 싸우기 싫어하는 두 남자를 부추겨서 결투를 붙여놓은 뒤 도망쳤고, 두 남자는 비겁하고 용렬하기 짝이 없는 개싸움을 벌인 끝에 한 명이 죽었다.

과연 이들 중 누구의 말이 거짓이고, 누구의 말이 진실일까? 전부가 거짓 같기도 하고 진실 같기도 하다. 무슨 말도 안 되는 소리냐? 우리는 태생적으로 보고 싶은 것만 보기 때문이다. 안타깝게도 우리는 카메라처럼 기계적으로 세상을 볼 수 없다. 오로지 마음이라는 창을 통해서 볼 수 있는데, 문제는 이 창이 태생적으로 왜곡되

마음

어 있다는 것이다. 자기중심적, 즉 주관적이라는 것이다. 그러니 모든 사건 당사자들은 본의 아니게(?) 거짓(왜곡), 즉 타고난 그대로 왜곡된 창으로 사건을 보았기에, 그렇게밖에 달리 증언할 수가 없었을 것이다. 나름 본능에 따라 진실했던 것이다. 굳이 실체적 진실에 가장 가까이 다가간 사람이 누구냐고 따진다면 아마도 가장 덜 이기적인, 즉 자아의식이 가장 적은 사람이 아닐까? 사람(person)이란 단어는 '가면'을 일컫는 페르소나persona에서 유래되었다고 하지 않던가. 서양적 시각으로도 위선적인 우리들의 모습은 태생적인가 보다.

이러한 태생적 모순을 극복할 방법은 없을까? 소위 수행이라는 것이 이러한 근원적 모순을 해결하려는 시도가 아닐까? 본능에 충실했던 삶, 주관적인 삶, 이기적인 삶을 벗어나 세상과 시스템의 본질을 이해한 뒤, 일상적인 의식은 물론 깊은 무의식 속에 자리 잡은 미세한 욕망마저 세밀히 알아차리는 철저한 훈련을 통해, 삶의 어느 한 순간도 스스로를 속이지 않는, 그래서 어떠한 마음의 왜곡현상도 곧바로 알아차리는 그러한 깨어 있는 삶을 목표로 하는 것이 수행이 아닐까. 인공지능 또한 당연히 그렇게 깨어 있어야 하리라.

무학대사와 이성계 사이에 있었던 유명한 일화를 상기해 보자.

"스님, 스님은 돼지 같습니다."
"제 눈에 대왕은 부처 같아 보입니다…"
"에이! 거짓말 마세요."

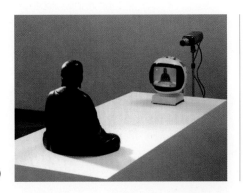

백남준의 「TV부처」(1974)

"돼지 눈에는 돼지가, 부처 눈에는 부처가 보이지요. 껄껄……"

무학대사는 부처만 보고 싶었을 것이다. 앞서 말했듯이 우리들은 보고 싶은 것만 보기 때문이다. 무학대사의 머릿속에는 온통 부처만 있을지 모른다. 그러니 무엇을 보든 부처로 보일 것이다. 만약 그렇다면 무학대사도 무척이나 왜곡된 분이다. 있는 그대로 세상을 보지 못하니… 물론 중생을 깨우치려는 이타적 마음에서 비롯된 얘기겠지만…

비디오아티스트 백남준 씨는 천재답게 이 얘기를 놓치지 않는다. 그의 작품 「TV부처」에서 부처의 눈은 진짜로 부처만 보고 있으니…

이번에는 서양으로 눈을 돌려 수피교에서 전래되는 우화를 살펴보자. 장님 일곱 명이 각자 체험한 코끼리에 대해 진술한다.

첫 번째 장님이 말한다.

마
음

"나는 코끼리의 팽팽한 귀를 만져본 적이 있다. 코끼리는 부채처럼 생겼다."

두 번째 장님이 말한다.

"나는 꼬리에 맞아 본 적이 있다. 밧줄처럼 생겼다."

세 번째 장님이 말한다.

"나는 튼튼한 다리에 걸려 넘어진 적이 있다. 나무처럼 생겼다."

네 번째 장님이 말한다.

"나는 뾰족한 상아를 만져 적이 있다. 창처럼 생겼다."

다섯 번째 장님이 말한다.

"나는 코에 걸려 물에 빠진 적이 있다. 호스처럼 생겼다."

여섯 번째 장님이 말한다.

"다양한 관점을 종합해서 설명해야 맞다."

마지막으로 일곱 번째 장님은 코끼리를 모는 사람으로, 그냥 웃고 지나친다.

여기서 잠깐! 한 가지 짚고 넘어가자. 종합적 견해를 제시한 여섯 번째 장님이 고수인가? 아니면 말없이 미소 지으며 초탈한 듯한 일곱 번째 장님이 진정한 고수일까? 모두 아닐까? 모두 맞을까? 글쎄…

"야! 안 되겠다! 밥이나 먹고 다시 하자!"

2PM 창민의 녹화를 진행하던 JYP 박진영이 못마땅한 듯 버럭 소리친다. 잠시 뒤 식사를 마친 그에게 아까 녹음된 곡을 다시 틀어주었다.

"그래! 바로 이거야! 공기 반~~ 소리 반~~"

이 사람! 오디션계의 대부 맞나?

누가 옳고 누가 그르겠는가! 우리가 갖는 인식 방식의 속성이 그러할 뿐… 경허 스님도 똑같은 말씀을 하신다.

속세와 청산 어느 쪽이 옳으냐?

봄볕에 꽃피지 않는 곳 없구나!

이제까지 갖가지 비유를 통해서, 마음의 실체 없음과 보고 싶은 것만 보려는 태생적 왜곡현상 등 마음의 성질에 대해 살펴보았다. 한번 더 점검해 보자. 무지개의 색깔은 모두 몇 개일까? 오색 찬란 무지개니까 다섯 개? 일곱 빛깔 무지개니까 일곱 개? 실체가 아니니까 무한개? 아니면 없다고 봐야 하나? 과연 정답은 무엇일까?

뭔가 보여지기 때문에 보는 것이 아니다. 보고 싶은 욕망이 있기에 뭔가를 보는 것이다. 인간은 카메라가 아니다. 같은 시공간상에서 벌어지는 하나의 사건에 대해서도 저마다 서로 다른 진술을 하게 되는 까닭이다. 너무나 좋아하는 사람이 여러 사람들 속에 섞여 있더라도, 마치 망원렌즈로 당겨보듯 그 사람만이 유독 크게 보인다. 덧붙여 그 사람 얼굴 주변으로 눈부신 후광까지 보인다. 신비체험이 아니라 좋아하고 희열하는 내 마음 때문에 그렇게 보일 뿐이다. 첫사랑의 기억을 돌이켜보라. 세상이 온통 밝고 맑게 빛나지 않던가? 첫 키스! 그때는 천상의 노래까지 들리지 않던가?

마음

이토록 아름답고 신비스런 것이 마음이라지만 반대로 요물처럼 얼마나 빨리 왜곡되는지, 얼마나 쉽게 오염되는지 직접 체험해 보자. 얼룩덜룩 조각구름처럼 보이는 아래 그림을 유심히 살펴보자. 무엇이 보이는가? 무엇으로 보이는가? 만약 지금 한창 사랑에 빠져있는 사람이라면 모든 것이 전부 연인처럼 보일지도 모르겠으나, 그냥 봐서는 도저히 알 수 없을 것이다.

이제 이 글의 맨 뒤페이지에 있는 그림을 슬쩍 본 뒤, 다시 한번 원래 그림을 보자. 방금 전까지는 도저히 뭔지 종잡을 수가 없었으나, 일단 왜곡 — 오염, 저장 — 이 된 뒤에는, 아무리 부정하려해도 씻어내려 해도 왜곡된 기억을 떨쳐버릴 수 없을 것이다. 여기서 왜곡이라는 말을 썼다고 해서, 기억 자체를 나쁘다거나 부정하려는 의도는 아니다. 그것은 기억의 속성이 본래 시도 때도 없이 무슨 일이건 쉽게 개입하려 한다는 것을 강조하려는 것뿐이다. 이것이 때때로 사건의 본질을 흐리게 한다. 있는 그대로 보지 못하게 방해한다.

이토록 왔다 갔다 요물스런 마음이지만 특수한 훈련을 통해 흔들림 없는 초월적인 상태까지 이르게 할 수도 있다고 한다. 명상을 하는 사람들 중에는 그런 초월의식을 얻는 것을 목적으로 하는 사람

이게 대체 뭘까?

들도 많다. 그들은 궁극적으로 마음이 완전히 사라지는 경지까지 도달할 수 있다고 강조한다.

그러나 마음은 어느 순간도 멸한 적이 없다고 불교인식론에서는 주장한다. 비록 마음이 움직이지 않는 듯한 고요한 상태가 될 수는 있겠지만, 실은 우리가 감지할 수 없는 깊은 무의식의 영역에서는 마음이 여전히 생멸하고 있다는 것이 불교적 해석이다. 오로지 완전한 열반—모든 조건이 멸한 상태—에서만 마음은 영원히 쉴 수 있다고 한다. 수많은 도인들이 깨달아서, 마음이 완전히 사라진 상태, 미세 무의식까지 완전히 사라진 경지에 이르렀다고 주장하나, 이역시 마음을 잘못 알고 있는 데서 비롯된 착각인 것이다. 진정한 깨달음이란 이러한 특수한 마음의 경지에 이르는 것—삼매—이 아니라, 그 모든 것들이 마음의 장난임을 바르게 아는 것! 즉 마음의 속성을 완전히 파악하는 것! 마음의 시스템적 특성을 꿰뚫어 보는 것이다.

혹자는 수행을 통해 세상이 온통 빛으로 보이고 크리스털처럼 투명하고 입체적으로 크게 보이는 경지에 이르렀다고 한다. 우주 끝까지 올라가 보았고, 그것도 모자라 우주를 온통 찢어 놓고 왔다는 도사도 있다. 어떤 이는 암흑 속에서 갑자기 불이 켜지듯 세상이 환해졌으며 궁금했던 모든 문제들이 일시에 풀렸다고 큰소리치기도 한다. 어떤 이는 죽음의 문턱에서 깨달음의 광명을 보았다고 한다. 어떤 이는 몰아의 상태를 깊이 체험한 뒤 깨어나, 나의 깨달음을 증명해 주소서 하고 외치니, 마른하늘에 갑자기 번개가 치고, 노송에 섬광이 일어난 뒤, 소나무껍데기가 그을린 채 발 앞에 떨어져 천신

마음

으로부터 깨달음의 증명을 받았다는 얘기 등등… 깨달음에 대한 얘기들은 무협소설처럼 넘쳐난다. 물론 거짓은 아닐 것이다. 자신이 체험한 것만은 정말 말로는 형언할 수조차 없는 진실 그 자체라고 사무치게 강변한다.

그러나 그들 모두 자기 마음에 속고 있다. 그 어떤 훌륭하고 장엄하고 기괴하고 신비로운 광경이 펼쳐지건, 또는 극단적인 마음 상태가 되건, 그건 그저 특별한 체험, 즉 마음의 장난일 뿐이다. 원효가 깨달은 것도 혜가가 얻은 것도 마음의 장난임을 꿰뚫어 안 것뿐이다. 하지만 원효나 혜가의 마음장난과 착각도인들의 마음장난은 본질적으로 다른 것이다. 원효와 혜가는 '마음에 실체가 없다'는 마음의 본질을 통찰하는 마음장난을 일으킨 반면—즉 법을 대상으로 마음을 일으킴—, 착각도인들은 자신이 '마침내 깨달음의 특정 마음상태에 도달하게 되었다'는 마음장난을 일으킨 것이다—즉 마음을 대상으로 마음을 일으킴—. 참고로 불교경전에 따르면 마음의 대상인 신수심법(身受心法; 호흡, 느낌, 마음, 법) 중에서, 궁극적으로는 법(法; 무상, 고, 무아 등)을 대상으로 일으킨 마음을 깨달은 마음이라 정의한다. 그러나 착각도인들은 마음을 대상으로 일으킨 마음을 깨달음이라고 주장하는 것이다. 왜곡의 달인 마음에게 또 속아 넘어간 것이다.

최근 어느 뇌공학자가 신문에 기고한 글을 읽은 적이 있다.

"명상하는 뇌의 핵심은 현재, 과거, 미래로 나누어 분석하는 뇌기능을 통합하는 것인지도 모른다. 미래와 과거 위주의 해석 기능들을 억제하면 현실을 지금 이 순간 그대로 느낄 것이고, 현재와 과거 해석을 억압하면 현실에서 자유로운 추상적 존재가 될 수 있다. 어쩌면 삼매에 든 부처님의 평온한 얼굴은 그렇게 시간과 공간을 초월한 뇌의 한 모습을 보여주고 있는지도 모른다."

초월적 명상 상태를 뇌과학의 입장에서 해석하려는 학자적 시각이 돋보인다. 주장한 바, 뇌기능의 일시적 억제를 통해서 어떤 특정 마음상태에 진입할 수는 있을 것이다. 그러나 존재와 시공간의 참모습을 깨달은 자만이 얻을 수 있는 진정한 해탈—속박에서 벗어남—의 미소를 보일 수 없을 것이다. 왜냐하면 그것은 억제가 아니라, 존재와 시공간이란 것이 본래 실체가 아닌 개념체에 불과하다는 깊은 이해에서 비롯되기 때문이다.

이제 좀 더 깊이 들어가 뇌신경과학이나 인식론에서는 마음을 어떻게 파악하는지 살펴보자. 뇌신경과학에서는 마음을 "눈으로 꽃을 본다. 혀로 맛을 본다. 손으로 물체의 감각을 느낀다."등 현실에서 체험하는 모든 감각작용과 정신작용, 그리고 그것을 포함하는 일체의 경험 또는 현상이라고 정의한다. 이와 유사하게 불교인식론 아비담마에서도 마음이란 "대상을 아는 것"이라 정의한다. 대상 없이 마음은 저절로 일어나지 않는다는 점은 양자가 모두 공감하는 바이다. 마음 또한 시스템의 법칙을 벗어날 수 없기 때문이리라.

마음의 대상으로는 현재에 존재하는 물질, 과거에 일어난 마음의 대상, 그리고 과거의 마음들까지 모두 포함된다. 마음은 찰나생 찰나멸 한다. 즉 어느 한순간에 일어나서 대상을 아는 기능을 수행하

마음

고 멸한다. 그러면 그 다음의 마음이 조건에 따라 일어난다. 그래서 죽음 순간의 마지막 마음이 다음 탄생의 첫 마음으로 이어진다고 불교는 주장한다.

이와 같이 끝을 알 수 없는 윤회가 계속되기에 마음은 단 한 번도 멸한 적이 없다는 것이다. 오로지 완전한 열반에 들기까지는… 물론 마음은 한 번 ─ 찰나 ─ 에 두 가지 대상을 가질 수 없다. 즉 눈으로 보는 동시에 귀로 들을 수 없다. 얼핏 보면 동시에 벌어지는 듯하지만, 자세히 보면 찰나지간이지만 앞뒤가 있다는 것이다. 앞의 마음이 뒤의 마음에 필요한 정보들 ─ 성향, 성격, 습관 등 ─ 을 유전 상속하는 방식으로 찰나간의 생멸작용이 끊임없이 전개되는 것이다. 마치 시냇물이 흘러가듯…

아비담마에서는 '뭔가를 본다'할 때 하나의 기본 인식 과정을 17 찰나 ─ 준비단계 3찰나, 입력단계 3찰나, 검토/결정단계 2찰나, 처리/저장단계 9찰나 등이 약 0.2초 사이에 일어남 ─ 가 연속된 것으로 파악한다. 마음의 종류 또한 89가지로 분류하며, 각 마음이 일어날 때마다 52개의 부수적인 마음이 뒤따른다고 한다. 사실 숫자가 무엇이 중요하겠는가. 무지개 색깔이 몇 가지인지 따지려는 것처럼… 하지만 잡을 수도 없고 볼 수도 없는 추상적인 마음에 대해 이렇게 숫자까지 거론하며 세밀하게 분류하는 이유는 아마도 마음 또한 시스템적 특성을 따르는 시스템의 하나일 뿐이며, 따라서 마음에 대한 어떠한 신비주의적 해석도 영혼주의적 해석도 지양하고자 하는 의도에서가 아닐까?

마음이 어떻게 발생되어 확산되고 마침내 왜곡되는지 그 과정을 살펴보자. 그림에서처럼 대상과의 만남―시각과 형상, 청각과 소리, 후각과 냄새, 미각과 맛, 촉각과 감촉, 정신과 사물―을 통해 의식―아는 마음―이 생겨나고, 그 세 가지―감각기관, 대상, 의식―를 조건으로 접촉이 생겨나고, 접촉을 조건으로 느낌이 생겨나고, 느낀 것을 지각하고, 지각한 것을 사유하고, 사유한 것을 근거 없이 확산시키고, 확산시킨 것을 토대로 시공간과 존재에 관한 왜곡된 관념―착각―이 생겨나게 된다. 이것이 우리를 궁극적 실재―실체 없음―로부터 더욱 멀어지게 만든다.

그래서 우리들은 뭔가를 볼 때, '내가 본다'고 여긴다. 손가락을

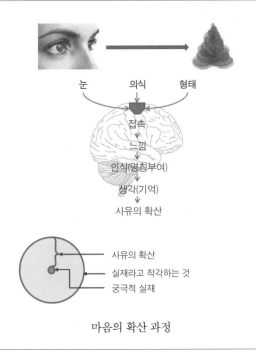

마음의 확산 과정

까딱이면, '내가 손가락을 움직인다'고 생각한다. 그래서 뭐가 문제인가 하겠으나, 몸과 마음의 구성요소들이 조건에 따라 일으키는 작용현상에 '나'라는 관념을 상정한다는 것이 문제이고, 그것이 실체로서 존재한다고 착각하여 집착한다는 것이 또한 큰 문제인 것이다. 이와 같이 몸과 마음의 작용에 의해 '나는 존재한다'는 잘못된 확신을 갖게 되는 것이다.

일부 독자들은 혹시 짜증을 낼지 모르겠다. '내'가 없다니! 무슨 귀신 씨나락 까먹는 소리인가하고… 이렇게 멀쩡히 살아 숨 쉬고 느끼고 있는데… 결코 부정할래야 부정할 수 없는 내가 여기 있는데… 데카르트 또한 '나'란 모든 부정을 통과하고 살아남은 유일한 실체이며, 직접적 인식이 가능한 유일한 존재라고 주장하는데… 나만큼 내게 확실한 존재는 없기에, '나'라는 것이 모든 인식의 주체이자 출발점이라는데…

그래서 살림살이 나아지셨습니까? '나'가 있어서 행복한가요? 행복한 척이 아니라, 진정 행복한가요? 그렇다면 아무 문제 없다. 결코 '나'를 부정하려는 것이 아니다. '나'는 분명 있다! 그런데 이 생생한 '나'라는 것이 조건에 따라 잠시 뭉쳐진 것일 뿐, 그 안에 어떤 실체적이며 영원불변한 그런 뭔가가 없다는 것이다. 그러니, 이런 속성을 가진 임시적 존재를 어찌 '나'라고 고집할 수 있겠는가! 따라서 이제부터 세상을 보는 시각을 교정하자는 것이다. 있다와 없다는 정의내리기 나름이다. 하지만 어느 쪽이든 영원불변의 실체적 자아가 없다는 시스템적 속성을 벗어날 수는 없다는 것이다. 앞서가는 종교가, 철학자들은 이미 이러한 사실들을 간파해 왔다.

몇몇 과학자, 공학자들도 이러한 시스템적 속성에 비추어 세상을 파악했던 것으로 보인다.

그래도 여전히 반문할지 모르겠다. '나'라는 것이 본래 존재하지 않는다면 허무한 것이 아닌가! 내가 없다면 대체 무슨 낙으로 살란 말인가! 나도 없는 마당에 그냥 대충 살아도 되는 것 아닌가! 사실 이렇게 주장하며 살아가는 이들도 있다. 마치 세상을 초탈한 듯, 그 어떤 이야기에도 귀 기울이지 않고, 종교·정치·철학 등 모든 것을 관념의 장난으로 치부하면서, 죽으면 그저 끝이라고 강조한다. 얼핏 보면 불교적 입장과 유사해 보이지만 이들은 그저 단멸론자들일 뿐이다. 이와 달리 불교는 '무아'를 주장하면서도 동시에 '업'을 이야기한다. 깨닫기 전에 '나'는 엄연히 있다는 것이다. 그것은 죽어서도 따라 다닌다는 것이다. 물론 실체는 아니다. 그러나 깨닫기 전에는 아무리 '나'를 없애고 싶어도 없앨 수 없다. 그러니 역으로 '나'로서 끝없이 살고 싶다면 절대 깨닫지 말아야 한다. 세상의 진실을 모른 채 외면하고 살아야 한다. 그러나 '나'를 짊어지고 사는 대가는 혹독히 치러야 한다. 왜냐하면 원인과 결과의 법칙ㅡ업ㅡ, 그래서 생멸하는 법칙ㅡ생로병사ㅡ을 결코 벗어날 수 없기 때문이다. 이러한 업의 흐름은 시작이 없었듯 끝도 없다. 굳이 '나'를 안고 살되 최선의 방법이 무엇인가 하고 묻는다면, 그 답은 아마도 마음 편하게 만드는 조건을 계속 지어 나가라는 것이리라. 그래야 마음 편한 결과를 얻을 수 있을 테니까. 콩 심은 데 콩 나고, 팥 심은 데 팥 나듯… 이러한 의지적 삶은 결코 허무주의적이지는 않을 것이다. 오히려 의욕과 열정 속에서 '나'를 지속시키며 보람되게 살

마음

수도 있을 것이다. 쉽지는 않을 것이다. 어떠한 위선도 없이 진실로
마음을 편하게 하는 원인을 짓는다는 것이.

냄비에 담긴 물속에서 신나게 놀고 있는 개구리는 냄비를 서서히
가열시키더라도 뜨거운 줄 모르다가, 팔팔 끓는 마지막 순간에 이
르러서야 죽음을 눈치챈다고 한다. 뱃속 편한 녀석으로 치부할 수
도 있겠지만, 얼마나 어리석은가! 그런데 이게 그냥 남의 얘기일
까? 톨스토이 최고의 걸작 중의 하나로 꼽는『이반 일리치의 죽음』
(1884)에 나오는 주인공을 보자. 죽음이 코앞에 닥쳐서야 비로소
자기 삶을 돌아보는 그런 뒤늦은 후회를 할 것인가? 그때서야 허겁
지겁 존재에 대한 근원적 질문을 던질 것인가? 필리프 드 샹파뉴
의「해골이 있는 정물화」(1671)는 무엇을 말하는가? 꽃 같은 청춘
도 정해진 시간이 다하면 시들어 결국 해골로 돌아간다고 하지 않
는가. 누가 먼저 갈지 아무도 모른다. 어렵지도 않다. 틱! 틱! 틱! 단
세 순간이면 숨이 넘어간다고 한다. 더 이상 미룰 것인가?

필리프 드 샹파뉴의「해골이 있는 정물화」(1671)

인공지능시스템 또한 영원할 수 없다. 죽음을 인식하고, 죽음에 대해 사유할 수 있어야 무서운 기계덩어리 딱지를 뗄 수 있을 것이다. 그래야 우리들 인간과 더불어 지혜롭게 살아 갈 수 있을 것이다. 사실 인공지능에 불교적 개념을 도입하려는 것이 다소 생뚱맞아 보일 수 있다. 필자는 불교인이 아니다. 수행자 또는 명상가는 더욱 아니다. 다만 인공지능에 관심을 갖는 연구자로서 나름대로의 소신을 피력할 뿐이다. 붓다의 가르침처럼 명쾌하고 완전하게 정리된 시스템이론을 본 적이 없기 때문이다. 이것이 종교가 아닌 과학으로 불교를 접하게 된 이유이다.

과학자의 입장으로 쓴 글이기에 행여나 본의 아니게 진실한 종교인들이나 수행자들에게 누가 되는 내용이 있지는 않은지 조심스럽다. 아무튼 필자의 소신으로는 세상과 인간의 이치와 본질에 대한 깊은 성찰과 사유 없이 인공지능을 만들겠다는 것은 그저 단순한 기계덩어리나 감정 없는 치명적 무기를 만드는 것과 다를 바 없다는 생각이다. 적어도 이성과 감성을 지니고 인간과 교감하며 세상에 유익한 인공지능을 만들기 위해서는 세상과 인간에 대한 통찰이 선행되어야 할 것이다. 이기적 욕망의 충족만을 목적으로 하는 인공지능은 당장의 편리와 돈벌이 수단은 될지 몰라도, 많은 이들이 염려하는 미래세계에 대한 최악의 우려를 불식시킬 수 없을 것이다.

카사노바를 꿈꾸는 이들이여! 님에 관한 한 최고의 고수 만해 한용운의 얘기에 귀 기울이자.

마
음

너에게도 님이 있느냐?

있다면 님이 아니라 너의 그림자니라!

-「고적한 밤」에서 -

그대에게도 사랑하는 님이 있다면, 그림자에 불과한 님에 집착하는 대신 당장 '나'부터 없애라. 그러면 놀라운 반전이 벌어진다. 그 님이 통째로 들어올 것이다.

바로 이거구나!

엔도모피즘

내 안에 너 있다!

"인생은 짧고, 예술은 길다!" Art is long, life is short!

고대 그리스 의학자 히포크라테스가 남긴 명언이다. 의사가 예술에도 조예가 깊구나 하는 정도로만 여겼는데, 본래의 의미가 잘못전달되었다고 한다. 그리스시대에는 'art'란 말이 예술이 아닌 기술(technology) 전반을 뜻했다고 한다. 따라서 히포크라테스가 "수명은 짧은데, 이를 연장시킬 기술(의술)을 얻는 데는 많은 시간이 필요하니, 이를 어쩌하랴!" 하면서 내뱉은 탄식이 오늘날 다른 의미의 명언으로 자리 잡은 것이다.

사실 예술이 기술과 분리되어 사용되기 시작한 것은 근대에 이르러서다. 이 무렵에서야 기계적 (이성적) 기술을 '기술'이라 불렀고, 아름다운 (감성적) 기술을 '예술'이라 칭하였던 것이다. 사실 근본적으로 무엇이 다르겠는가! 세상을 나름대로의 관점으로 파악한 뒤, 뭔가를 만들려는 의도를 내고, 계획을 세워 구상을 한 다음, 구체화시키는 일련의 과정들은 유사 이래로 기술이건 예술이건 정치건 모든 작업에 있어서 공통적으로 행해지는 일이다. 단지 대상과 의도만이 다를 뿐… 그래서 학문의 아버지라 불리는 아리스토텔레스는 모방은 창조의 어머니라 했는지 모른다. 그는 또한 모든 인간은 본래 앎을 욕구한다고 하였다. 뭔가를 파악해서 뭔가를 만들려는 것이 우리들의 기본적 욕구라는 것이다. 그리고 그 욕구는 예술이건 기술이건 세상에 대한 인식과 통찰, 그리고 개념화·추상화를 다루는 모델링 작업을 통해 성취되는 것이다.

역사상 큰 발자취를 남긴 몇몇 모델러들을 예로 보자. 고대 중국의 노자는 무위자연을 통한 도를 궁극의 진리로 파악한 모델러이다. 우주만물 모든 것이 숫자로 표현된다고 주장한 피타고라스는 수학적·기하학적 모델러일 것이다. 모든 형태와 미를 지배하는 통일된 법칙을 수학에서 찾으려 했기 때문이다. 히포크라테스 역시 인체를 자연의 일부로서 유기체적 관점으로 모델링한 최초의 모델러였기에 의학의 아버지라 부르고 있다. 우리가 추구해야 할 영원불멸의 본질로 이데아를 제시한 플라톤은 존재론적 개념화 모델러일 것이다. 소크라테스와 더불어 우리들에게 세상을 이성적으로 바라보는 안목을 제시해 준 모델러임에 틀림없다. 무아·공성을 본질로 파악한 붓다는 인식론적·연기론적 모델러이다. 모두들 이미

2,000년 이전 시대의 사람들이지만 세상을 바라보는 통찰력이 놀랍다. 물론 위대한 모델러가 어디 이들뿐이었겠는가? 중세는 물론 근현대사를 통해서도 수많은 모델러들이 다양한 통찰과 추상화 작업을 통해 진리를 밝히고 세상을 아름답게 꾸미는 일에 앞장 서 왔다. 레오나르도 다빈치는 일찌감치 예술과 과학을 융합시켜 미적 본질을 탐구했던 미학과학적 모델러라 불러도 좋을 듯하다. 세상을 동역학의 관점으로 재조명한 뉴턴이 현대과학의 아버지라 불리는 이유는 아마도 그가 최초의 기계론적 모델러이기 때문이리라. 그러한 기계론적 관점에 생물론적 관점을 융합한 모델러는 컴퓨터의 아버지라 일컫는 폰 노이만일 것이다. 기발한 아이디어가 넘쳐났던 그의 머릿속 모델들은 오늘날 다양한 인공지능의 모습으로 우리 앞에 다가서고 있다.

세계 최고의 철학자, 종교가, 수학자, 과학자, 예술가 등의 위인들을 모델러라는 다소 생뚱맞은 용어로 싸잡아 언급하니, 독자들께서는 다소 혼란스러울 수 있겠다. 여기서 잠시 사전적인 측면에서 몇 가지 용어 정리가 필요하겠다.

학문적 활동이란 본래 영원불변한 진리를 바라보는 것을 의미한다. 이를 "테오리아theoria", 즉 관조라 불렀고, 이것이 곧 이론(theory)으로 정착되었다. 여기서 '바라보는 것', '관조', '이론', '아는 것'은 동일한 의미이다. 이를 일컬어 우리는 '과학'이라 한다. 과학(science)의 어원은 라틴어 scire(알다)로부터 전래된 것이다. 쉬운 말로 '알기'가 곧 과학인 것이다. 왜 알고 싶을까? 궁금하기 때문이다. 우리들의 태생적 호기심 때문이다. 예를 들어 아침에 해를

엔도모피즘

볼 때, 평소와 달리 장엄하고 경이로운 마음으로 바라보면, 그냥 지나칠 일도 특별히 궁금해져서 뭔가 자세히 알고 싶은 호기심이 발동된다. 붓다 또한 병들고 늙고 죽는 다반사의 일상을 그냥 지나치지 않고 특별한 궁금증을 일으켰고 결국 이것을 원인으로 해서 그의 가르침이 세상에 나오게 된다. 아무튼 이러한 궁금증을 통해 '알아낸 것'이 곧 이론이고, 법칙이고, 원리이고, 지식이고, 표현체이고, 추상체이고, 이미지이고, 달리 말해 모델인 것이다. 그러면 이렇게 '알아낸 것'을 가지고 무엇을 할 수 있을까? 그것이 바로 기술이고 공학이다. 기술(technology)의 어원은 그리스어 techne(생산함)에서 비롯되었다. 공학(engineering) 또한 라틴어 engeniem(발명 또는 천재가 고안한 것)에서 유래되어, 흔히 '직업적인 기술'의 의미로 사용된 바, 기술과 공학은 동의어로 보아도 무방할 듯하다. 요약하면 '알기'는 과학이고, '만들기'는 공학으로 정리할 수 있다.

어찌 보면 인류문명의 역사는 한마디로 '알기'와 '만들기'의 연속이었는지 모른다. 대표적 예로 현대과학의 아버지라 불리는 뉴턴의 경우를 보자. 여러 가지 이견이 있기도 하지만, 사과가 나무에서 떨어지는 장면을 목격 — 관조; theoria — 한 뉴턴은 만유인력의 법칙이라는 자연현상에 대한 동역학적 모델을 세상에 내놓는다. 깊게 관조(theory)하고 통찰함으로써 세상에 대한 과학 — 알기; science — 적 결과 — 모델, 이론, 원칙 — 를 얻은 것이다. 물론 그 결과물들이 오늘날 자동차를 만든 — engineering; 만들기 — 밑거름이었다는 사실을 부정할 사람은 아무도 없을 것이다.

뉴턴: 떨어지는 사과에서 자동차의 원형질을 발견한 동역학 모델러

　'알기' 작업이 '만들기' 작업까지 이어진 경우가 어디 뉴턴뿐이
랴! 붓다는 공성을 안 뒤, 자비를 실천덕목으로 제시하며 마침내
불교라는 종교를 이끌었다. 노자는 도를 안 뒤, 무위자연을 행하라
며 도가를 창설했다. 소크라테스를 앞세운 플라톤 역시 이데아를
안 뒤, 최상의 선과 미를 실천하라며 우리들 삶 속으로 파고들었다.
히포크라테스가 세운 인체모델은 의학적 방법과 도구로 진화됐다.
피타고라스가 정립한 수학·기학학 모델은 건축을 비롯한 모든 형
태학적 분야에 고스란히 적용되고 있다. 레오나르도 다빈치의 미
학적 개념은 「최후의 만찬」, 「모나리자」 등 불후의 걸작으로 우리
곁에서 살아 숨 쉬고 있다. 폰 노이만의 자기복제 모델은 컴퓨터와
인공지능으로 구현되고 있다. 이러하게 위대한 모델러들의 '알기'
는 '만들기'를 통해 완성되어 우리들 삶을 아름답고 풍요롭게 가꾸
고 있다.

엔도모피즘

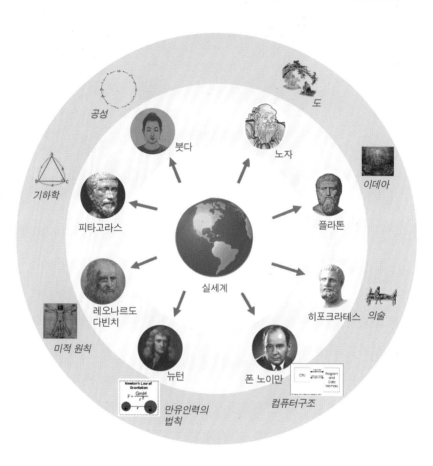

공성

도

기하학

이데아

붓다

노자

피타고라스

플라톤

레오나르도 다빈치

실세계

히포크라테스 의술

미적 원칙

뉴턴

폰 노이만

컴퓨터구조

만유인력의 법칙

역사상 위대했던 몇몇 모델러들, 그리고 그들이 정립한 모델들

인공지능 또한 인간 모델러들의 사유방식이나 행동방식을 크게 벗어나지 않는다. 이제 그 원리에 좀 더 가까이 다가가 보자. 먼저 실세계와 인간과의 상호작용을 살펴보자. 태초부터 인간은 원하는 것을 얻기 위해 주변 환경과의 상호작용을 지속해 왔다. 시간이 지남에 따라, 상호작용의 방식은 보다 다양해지고 더욱 정교하게 발전되어 갔음은 물론이다. 특히, 인간의 논리적·분석적 능력은 실세계와의 상호작용에 있어서 점점 진화된 형태를 갖게 되었고, 그 결과 환경을 지배할 정도로 막강한 힘을 지니게 되었다.

인간이 실세계와 상호작용하기 위해서는 정형화된 모델 또는 추상적 표현체가 필요하다. 과학적 활동은 정형화 모델링 작업의 대표적인 예이다. 관찰과 실험을 통하여 과학자들은 실세계 현상들에 대해 검증된 가설을 정형화시킬 수 있는 추상적 표현체와 법칙

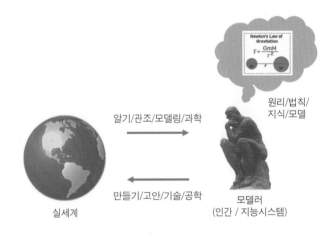

실세계와 인간(모델러, 지능시스템) 간의 상호작용

을 찾아내려 한다. 정형화된 모델이란 실세계의 주요 특징을 묘사한 것으로서, 실세계를 설명하고, 분석하고, 설계하는 것을 도와준다. 이렇게 모델은 실세계를 지배할 힘을 제공해 준다. 모델을 통한 상호작용은 비단 과학적 접근에서뿐만 아니라 학문, 문학, 정치, 경제, 예술은 물론 사교, 연애 등 일상적으로 생각하고 행위하는 모든 삶 속에서 늘 벌어지는 일이다. 그래서 아리스토텔레스는 특정한 원리들이나 원인들에 관한 앎이 곧 지혜라고 명했다.

①내 안에 너 있다?
한때 유행했던 텔레비전 드라마 「파리의 연인」 속의 명대사지만, 이 말처럼 인공지능의 핵심원리를 함축하는 표현도 드물 것이다. 우리는 앞서 호모모피즘에 대해서 살펴보았다. 대상체(실세계)와 모델 간의 유사성 관계를 호모모피즘이라 하였다. 만약 대상체에 대한 호모모픽 모델을 내가 갖고 있다면, 대상체와 나와의 관계는 엔도모피즘endomorphism이 된다. 다소 난해한 추상대수학 용어지만 엔도endo란 접두어는 내배엽성 — 내 안에 뭔가 있다는 의미 — 을 나타내며, 모르피즘morphism이란 원형질(본질)을 뜻한다. 따라서 엔도모피즘이란 내가 대상체에 대한 어떤 원형질을 갖고 있다는 의미이다. 즉 내가 호모모픽 모델을 갖고 있다는 것이다. 따라서 엔도모피즘이 충족된 시스템을 우리는 대상체를 아는 — 대상체에 관한 지식이 있는 — 지능시스템이라 정의한다. 우리는 '알기'가 곧 과학이라고 하였다. 당연히 '알기'를 완성한 지능시스템이라면 이를 활용한 '만들(공학)' 단계로 넘어갈 것이다. 즉 '내 안에 너 있다'가

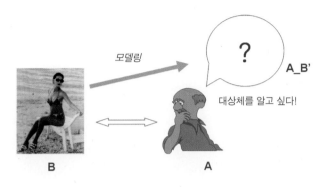

대상체(B)에 대한 모델링 과정

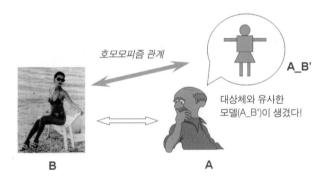

대상체(B)와 모델(A_B') 간의 호모모피즘 관계

된 자는 이제 너를 내 마음대로 지배할 수 있는 것이다. 비로소 카사노바가 된 것이다.

　모델링만 잘 하면 누구나 카사노바가 될 법한데, 과연 모델링 작업이란 게 만만한 걸까?

②모델 표현의 어려움

내가 그의 이름을 불러주기 전에는

그는 다만 하나의 몸짓에 지나지 않았다.

내가 그의 이름을 불러 주었을 때

그는 나에게로 와서 꽃이 되었다.

김춘수의 「꽃」(1959)의 한 구절이다. 이름자 하나 붙여준 게 뭐 그리 대단하냐고 하겠지만, 사실 엄청난 일을 한 것이다. 이때부터 너와 나의 구별이 생겨났기 때문이다. 호모모픽 모델이 생겼기 때문이다. "태초에 말씀이 계시니라"(「요한복음 1장」) 하신 것도 세상을 창조해 나가는 모델러의 측면에서는 수긍이 간다. 말씀(언어, 이름자)이 곧 최초의 모델이기 때문이다. 따라서 모델링이 완성되었을 때 비로소 삼라만상은 각각 고유의 존재로서 식별되는 것이다. 하지만 어쩌면 이때부터 우리들의 비극은 시작되었는지 모른다. 비록 너(꽃)가 내게 다가와 주었다 하지만, 여전히 하나는 되지 못한다. 아이소모피가 아닌 호모모피에 머물기 때문이다. 즉 실세계와 모델 간에 유사성은 갖지만 완전히 일치하지는 못하기 때문이다. 뭔가 이것이 진리라고 이름붙이고 한정하는 순간, 그것은 더 이상 진리가 아니다. 이름자조차 없던 시절 그저 너와 나 구별 없는 하나의 몸짓이었을 시절만 못하다는 것이다. 이름자로 인하여 번뇌만 하나 더 늘어났을 뿐.

노자 또한 이 점을 무척이나 강조한다. 말로 형상화된 이름은 언제나 진실된 실재를 나타내는 이름이 아니라고. 이름이 부여되는 순간 이미 그것은 진정한 이름이 아니라고.

도가도 비상도 道可道 非常道

명가명 비상명 名可名 非常名

_『도덕경』1장

　플라톤 또한 크게 달라 보이지 않는다. 『국가론』 7장 '동굴의 비유'를 보면, 세 종류의 모델이 등장한다. 하나는 우리들 무지한 사람들이 갖고 있는 최하위 수준의 모델―가장 왜곡이 심한 모델―로서 동굴에 비춰진 그림자를 말한다. 또 하나는 약간의 지식을 갖춘 이들이 갖는 중간 수준의 모델로서 그림자를 만들어내는 동굴 속 물체들―꼭두각시―로 비유하고 있다. 마지막 모델은 최상의 지혜를 갖춘 이들만이 알 수 있는 궁극의 모델로서 동굴 밖 광명의 세계에서만 볼 수 있는 이데아를 말한다. 이처럼 붓다도 노자도 플라톤도 한결같이 말로는 표현 불가한 궁극의 모델, 즉 아이소모픽 모델이 진정한 실재라 주장한다.

　물론 궁극의 모델만이 우리에게 유용한 것은 아니다. 플라톤과 견해를 달리하는 아리스토텔레스의 주장처럼 다양한 수준의 모델을 통해 우리는 어렴풋이 본질을 느끼고 배울 수 있을지 모른다. 그는 심지어 흉한 동물들이나 시체처럼 불쾌감을 주는 실세계 대상일지라도 일단 그림 등 추상화된 모델로 바라보면 불쾌감은커녕 오히려 쾌감을 느끼고 이를 통해 깨달음도 얻을 수 있다고 보았다.

엔도모피즘

플라톤의 『국가론』 중 동굴의 비유: 동굴 벽면만을 향하도록 결박되어 있는 죄수들은 옴짝달싹 못한다. 죄수들은 인형술사가 조종하는 꼭두각시가 만들어내는 그림자만을 볼 수 있을 뿐이다. 그런데 우연히 죄수 중 한 명이 결박에서 풀려난다. 온갖 고난 끝에 동굴을 빠져나와 비로소 태양이 비추는 진리의 세계를 보게 된다. 그리고는 결박되어 있는 동료들을 구하기 위해 다시 어두운 동굴로 되돌아간다.

즉 그는 다양한 관점들을 종합하고 통합하면 뭔가 궁극의 실재에 가까이 다가설 수 있으리라 여겼다. 그러나 근대의 철학자 칸트는 아리스토텔레스의 논리적·이성적 접근만으로는 도저히 실재를 알 수 없으며 오직 무관점, 무관심, 무개념을 통한 접근만이 이성적 영역 너머에 있는 궁극적 실재로 이끈다고 여겼다. 소크라테스 이래 세상을 이성적으로만 바라보았던 우리들의 고정관념을 깬 것이다. 이 점은 일견 붓다가 통찰한 진리와 일맥상통해 보인다.

③모델 간 그리고 실세계 간의 일치성 문제

'내 안에 너 있다'고 했지만, 어디 너만 있으랴! 나도 있고 세상 만물이 전부 있을 것이다. 그처럼 호모모피즘의 세계가 끝없이 펼쳐질 것이다. 내 안의 나(나-나')안에는 또 다른 나(나-나-나")가 당연히 있을 것이다. 그뿐이랴! 내 안의 너(나-너')안에 너(나-너-너")도 있고 또 나(나-너-나")도 있을 것이다. 실세계와 모델 간에 또는 모델과 모델 간에 호모모피즘이 유지되는 한, 모델들은 추상화 관계 속에서 끝없이 전개될 수도 있을 것이다. 뭔가 다채롭고 그럴 듯해 보이기도 하지만, 사실 우리들의 고뇌는 여기서부터 시작된다. 가수 조성모는 내 안에 내가 너무나 많아 고민이라고 「가시나무새」(2000)를 통해 노래한다. 일상의 대화 속에서 드러나는 우리들의 갈등을 한번 살펴보자.

"내가 생각했던 너는, 네가 알고 있는 네가 아니었어!"
(이것은 「나-너」와 「너-너」사이의 불일치로 볼 수 있다.)

"너는 내가 너를 어떻게 생각한다고 보니?"
(이것은 「나-너」와 「너-나-너」사이의 검증 요구로 보인다.)

"난 나를 이렇게 생각하는데, 넌 내가 날 어떻게 생각한다고 보니?"
(이것은 「나-너」와 「너-나-나」사이의 일치성을 묻는 것으로 해석된다.)

"난 나를 이렇게 생각하는데, 넌 나를 어떻게 생각하니?"
(이것은 「나-나」와 「너-나」사이의 일치성 여부를 묻는 것으로 보인다.)

"나도 나를 모르겠어!"

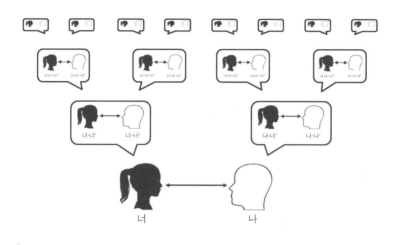

생각에 생각이 꼬리를 무는 엔도모픽 세계

(이것은 「나」와 「나-나'」 사이의 불일치를 호소하는 것으로 보인다.)

"내가 생각했던 너는 그렇지 않았어!"
(이것은 「너」와 「나-너'」 사이의 불일치를 하소연하는 말로 보인다.)

이와 같이 모델과 실재 사이의 불일치, 그리고 모델과 모델 사이의 불일치 문제는 아마 유사 이래로 항상 존재해 왔을 것이다. 그래서 인생은 고苦라고 하는지 모른다. 너도 내 맘대로 안 되고, 심지어 나조차도 모르겠으니… 물론 지혜로운 모델러라면 이 문제를 직시하고 손수 해결하려 할 것이다. 순전히 고苦의 문제를 풀기 위해 모든 것을 버리고 모델링을 완수하여 마침내 답을 찾아낸 붓다처럼…

④모델과 실세계 간의 인식론적 혼란 문제

대형마트에서 실제로 판매중인 상품인 브릴로 박스(실세계)와 초현실주의 작가 앤디 워홀이 재현해낸 「브릴로 박스」(모델)는 같으면서도 다르다. 이와 같이 엔도모피즘에서 나타나는 실세계와 모델 사이의 추상화 관계성을 활용한 작품은 인식론적 의미를 담아내는 심오한(?) 초현실주의적 걸작이 되기도 한다. 이보다 앞선 또 다른 초현실주의 작가 마그리트의 작품 「이것은 파이프가 아니다」에서도 작품 속 파이프는 실세계로서의 파이프가 아니라 추상적 이미지 모델로서의 파이프를 나타낸다. 친절하게도 '이것은 파이프가 아니다'라는 문구까지 보인다.

실세계와 모델간의 인식론적 혼란 문제가 어디 예술작품뿐이겠는가? 일상생활 속에서도 우리들은 흔히 "꿈과 같다"는 말을 하곤 한다. 이 또한 실세계(현실)와 모델(가상) 사이에 벌어진 인식상의 혼란 때문일 것이다.

앤디 워홀의 「브릴로 박스」(1964)

마그리트의 「이것은 파이프가 아니다」 (1929)

전에 장주는 꿈에 나비가 되었다. 훨훨 나는 것이 분명 나비였다.
스스로 즐겁고 뜻대로라 장주인 줄 알지 못했다. 그러다가 조금
뒤에 문득 깨어보니 분명히 장주였다. 장주가 꿈에 나비가 된 것
인지 나비가 꿈에 장주가 된 것인지를 알지 못하였다.

엔도모픽 세계에서 빚어지는 혼돈의 사태를 장자는 「호접몽」을
통해 잘 보여 주고 있다.

인연화합으로 생겨난 이 세상 모든 것들은,
꿈과 같고, 허깨비 같고, 거품과 같고, 그림자와 같다.
(일체유위법 여몽환포영)

붓다 또한 실세계를 포함한 모든 모델들은 실체가 아닌 임시적
인 것으로서 꿈결처럼 여기라고 말한다. 실재라고 여기는 현실이
진실에 있어서는 실재가 아니라는 것은 비단 붓다뿐이 아닌 노자

나 플라톤 등 모든 현자들이 한결같이 말하는 바이다. 마치 동굴 속 벽면 위에 비치는 그림자나 또는 꿈속의 일들과 같다는 것이다. 그러니 무명이나 무지로부터 벗어나 근원적 실재, 즉 '도'나 '공'이나 '이데아'를 보라는 것이다. 즉 궁극의 모델을 찾으라고 강조하는 것이다. 구한말 묵암 스님의 「꿈」이라는 시를 통해 다시 한번 음미해 보자.

꿈속에서 꿈 이야기를 하며 남을 꿈꾼다 하며
꿈과 꿈이 끝이 없어 꿈을 깨지 못하나니
비록 나비 되어 장원 밖을 날았으나
그래도 그는 분명 꿈꾸는 사람이다.

⑤ 모델링에서 얻는 삶의 지혜

우리는 세상을 너무나 모르고 자기 자신조차도 모른다. 그러니 뜻대로 되는 일이 없다. 어디 자신뿐이랴! 사랑하는 그님도 내 맘대로 되지 않는다. 정치도 경제도 문화도 세상사 어느 하나 속시원히 해결되는 것이 없어 보인다. 갈증을 해소하려 우리는 또 다른 것을 갈망하며 끝없이 뭔가를 추구한다. 그러나 그러면 그럴수록 실세계와 모델 간의 격차만 더욱 커질 뿐이다. 그래서 소크라테스는 "너 자신을 알라"고 하고, 예수는 "네 이웃을 네 몸같이 사랑하라"고 한다. 실세계와 모델 간의 간격을 좁히라는 것이다. 붓다 또한 모든 존재의 동질성을 선언한다. 본질과 하나 되는 것, 아이소모피즘! 이것이 곧 열반이라고 강조한다.

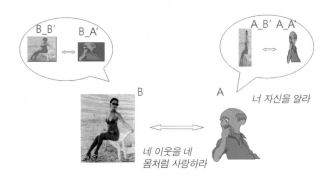

현자는 말한다. "너 자신을 알고, 남을 사랑하면, 행복하리!"
$$(A \equiv A\_A' \cap A \cong B)$$

열반이란 너와 나, 그리고 자신 안의 모든 차별성이 소멸한 상태이다
$$(A \equiv A\_A' \equiv A\_B' \equiv B \equiv B\_B' \equiv B\_A')$$

"세상을 보고 무수한 장벽을 넘어 벽을 허물고 더 가까이 다가가 서로를 알아가고 느끼는 것, 그것이 바로 우리가 살아가는 인생의 목적이다."

영화 「월터의 상상은 현실
이 된다」: 주인공 월터는 현
실과 상상을 넘나들며, 진
실 가까이 다가선다.

최근의 영화 「월터의 상상은 현실이 된다」(2013)로 유명해진 라
이프 잡지의 모토이다. 진정한 모델러가 되기 위해 무엇이 필요한
지를 잘 말해 주고 있다. 이러한 사명감에 충실한 주인공 월터는 현
실(실세계)과 상상(모델)을 넘나들며 진실에 한 걸음씩 다가간다.
실제 카메라에는 망원렌즈, 줌렌즈, 광각렌즈 등 다양한 도구들이
있어서, 굳이 피사체에 가까이 다가가지 않더라도 당기거나, 밀거
나, 펼치거나 하면서 얼마든지 원하는 크기를 담아낼 수 있다. 그
러나 그러한 작업은 필연적으로 이미지상의 왜곡현상을 수반한다.
진실이 아닌 것이다. 진정한 모델러라면 피사체의 눈높이로 가까
이 조금 더 가까이 다가가야만 할 것이다.

플라톤의 '동굴의 비유'로 다시 돌아가 보자. 동굴 벽면의 그림자
만이 진실인 줄 알았던 죄수가 마침내 결박에서 풀려났다고 하자.
그는 먼저 벽면의 그림자를 비추는 빛 때문에 엄청난 고통을 겪을
것이다. 익숙하지 않기 때문이다. 차라리 결박상태가 더 낫겠다는

생각도 들지 모른다. 그러다가 어려움을 극복하고 마침내 동굴 밖으로 빠져나와 강렬한 햇빛을 보게 되면 기쁨도 잠시 더욱 큰 고통을 느낄지 모른다. 비록 자유의 몸이 되었지만, 한동안 후회가 밀려올 수도 있을 것이다. 그러나 시간이 지나면서 차차 안정되고 적응이 되면 고통은 눈 녹듯 사라지고, 속박에서 풀려난 해탈의 기쁨을 만끽할 수 있을 것이다. 플라톤은 이와 같이 궁극의 모델인 이데아를 알기 위해서는 뼈를 깎는 고통이 수반된다고 여겼다.

이러한 생각은 얼핏 보면 대부분 현자들의 견해와 유사해 보인다. 6년간의 처절한 고행을 끝낸 뒤, 붓다는 피폐해진 심신을 추스려 보리수나무 아래 앉아 마침내 궁극의 진리를 깨닫는다. 마치 동굴에서 빠져나온 죄수의 여정처럼 무척이나 힘든 모델링 과정으로 보인다. 그러나 그는 친절하게 일러준다. 고행할 필요 없다고. 자신의 고행은 잘못된 것이라고. 고행이건 쾌락이건 그 어느 것에도 집착하지 말고 온전한 마음으로 집중하여 관찰하면 누구라도 궁극의 모델을 볼 수 있다고 가르친다. 제대로 관찰만 하면 누구라도 스스로 진리를 알 수 있다는 것이다. 한편 노자, 플라톤, 붓다, 예수 등 수많은 현자들이 궁극의 세계를 설명하려 하지만, 그것은 언어로 한정하는 순간 왜곡되기에 직접 겪어 보기 전에 머리로 헤아려서는 도저히 알 수가 없다. 심지어 그들이 보았다는 궁극의 진리도 동일한 것인지, 그리고 진짜 진리가 맞는지조차 우리들로서는 사실상 판단하기 어려워 보인다.

그럼에도 불구하고 우리가 해야 할 일은 무엇일까? 아마도 세상을 바르게 아는 일일 것이다. 왜곡현상을 바로잡아 고품의 문제를 해결하는 것일 것이다. 즉 바른 모델링일 작업일 것이다. 그것이 아무리 어렵다 하더라도… 비록 낮은 수준의 모델로부터 출발한다 하더라도 궁극의 모델을 향해 가야만 하는 것이 어쩌면 우리들의 숙명일지 모른다. 또한 인공지능이 가야 할 길일지 모른다. 바라보는 것이 모델링이라 했다. 잘 관찰하면 알 수 있다 하지 않는가! 이제 가까이 조금 더 가까이 다가가 보자. 내 님에게로.

자세히 보아야 예쁘다.
오래 보아야 사랑스럽다.
너도 그렇다.
_나태주, 「풀꽃」

인공지능

이성, 감성, 자아 그 너머

"인간은 자신이 어디서 왔는지, 어디로 가는지, 존재하는 이유는 무엇인지 끊임없이 묻는다. 그러나 대답은 얻지 못한다. 철학자와 과학자가 인간과 세계에 대해 설명하면 할수록 더 많은 질문만 솟아날 뿐이다. 그래서 나는 예술을 택했다. 그것은 대답이 아니라 대답에 대한 환상을 줄 뿐이지만, 그나마 없다면 살 수 없기 때문이다."

신상징주의 화가로 불리는 독일의 안젤름 키퍼의 고백이다. 이성에 기대어도 감성에 기대어도 자아에 대한 답을 얻을 수 없다는 것이다. 단지 개념의 그물망 속에서 위안을 주려는 이성(철학·과학)

보다는, 그나마 감성(예술)이 더 낫다고 느꼈나 보다.

원시시대부터 이어져온 신화적 인식 개념을 이성적 개념으로 바꾼 사람은 고대 철학자 소크라테스일 것이다. 그를 중심으로 플라톤, 아리스토텔레스 등이 세운 이성주의, 즉 합리주의적 세계관은 중세에까지 영향을 미쳤다. 당시에 세웠던 세상에 대한 모델, 즉 사물들에 대한 범주와 속성, 관계성, 그리고 논리적 사유형식인 명제에 이르기까지 이성적 개념들은 오늘날까지 유지되며 인공지능을 비롯한 과학적 발전의 토대가 되었다. 아리스토텔레스에 의해 구축된 '실체와 속성의 사유방식'이 서양의 정신과 문명을 2천년 넘게 지배해 왔다고 해도 과언은 아닐 것이다. 다시 말해, 그 당시에 정립된 지식 표현 방법과 추론 방법이 고스란히 오늘날에도 적용되고 있다.

물론 외형적으로는 눈부신 성과가 있었다. 예를 들면 2000년에 이르러 IBM 슈퍼컴퓨터 딥 블루Deep Blue는 체스게임에서 인간 세계챔피언 카스파로프를 꺾는 기염을 토했고, 그로부터 10년 뒤인 2012년 기억력과 이해력에 비상한 능력을 갖춘 인간 퀴즈챔피언들만 출전하는 제퍼디 퀴즈쇼에서도 마침내 인간을 꺾게 되었다. 바로 유명한 IBM 슈퍼컴퓨터 왓슨Watson 얘기다.

그러나 이렇게 놀라운 성과를 거둔 왓슨이지만 개발자조차 왓슨을 'he/she'라 부르지 않았다. 인간 챔피언을 당당히 누른 왓슨이었지만, 여전히 'it'으로 불렸던 것이다. 왜냐하면 왓슨은 그저 수십억 개의 상호관계를 검색함으로써 마치 지능을 가진 양 착각하게 만드는 기계덩어리에 불과했기 때문이다. 왓슨을 비롯한 이런 부

(좌) 1999년 IBM 슈퍼컴퓨터 딥 블루에게 패한 체스 챔피언 카스파로프
(우) 2012년 제퍼디 게임에서 퀴즈챔피언들을 격은 IBM 슈퍼컴퓨터 Watson

류의 시스템들은 무엇 하나 진정으로 '알거나', '느끼거나', '이해하지' 못한다. 안타깝지만 여기에는 인식 비슷한 것조차도 존재하지 않는다. 1950년대 인공지능이라는 용어가 처음 생겨났을 때만 해도 사람들은 알고, 생각하고, 학습하는 인간다운 기계를 꿈꿨다. 그러한 열망을 품고 탄생된 왓슨이었지만 결과는 참담했다. 비록 타임지 표지모델과 TV용 빤짝 스타가 될 수는 있었지만, 우리가 진정 꿈꿨던 바, 인간에 버금갈 그 어떤 일도 해내지는 못한 것이다. MIT 인지과학자 테넌바움은 이렇게까지 비관한다. "인공지능은 우주선을 쏘아 올리는 것과는 비교할 수 없을 정도로 어렵다. 앞으로 200년이 걸린다고 해도 놀랄 일이 아니다." 실제로 얼마 전 미국의 스탠포드대학에서는 인공지능 연구를 위한 100년 프로젝트를 출범한 바 있다.

계산속도와 메모리의 폭발적 발전, 그리고 네트워크 기반의 정보화시대의 도래에 편승하여 그저 아리스토텔레스가 2천년 전 구축한 모델 그대로를 적용함으로써 마치 인간의 사유를 흉내 내는 듯 착각하게 해주는 시스템을 만들었을 뿐이다. 물론 그동안 인공지능에 대한 아무런 과학적 발전이 없었다는 것은 결코 아니다. 오히려 수많은 연구결과들이 '지능형'이니 '스마트'니 '무인'이니 '자율'이니 하면서 이미 실생활 곳곳에 깊숙이 자리 잡고 있다. 다만 인간의 사유방식 그대로의 시스템을 만들 수 있느냐 하는 입장에서 보면 아직 갈 길이 멀고도 험하다는 얘기다.

인공지능의 발전 속도와는 상관없이 인간의 인식 개념은 근세에 이르러 기존의 이성 중심을 벗어나 감성에 대한 관심이 높아졌다. 감성적 영역, 즉 감성적 인식을 이성적 잣대로 다루려 시도한 사람은 18세기 철학자 바움가르텐이다. 그는 미학이라는 이름을 빌어 감성을 학문의 영역으로 끌어들였다. 그러나 감성에 대한 이성적 접근은 오히려 감성 본래의 야성을 잃게 하는 방해물이 되고 말았다. 즉 비이성적 분야를 이성적으로 한정지으려는 시도는 감성에 대한 강제적 이성 편입화 노력에 불과할 뿐이었다. 오히려 이러한 헛된 노력은 인간을 스스로 구속시키고 결국에는 파멸로 이끄는 재앙이 될 수 있다. 그리스신화 「파리스의 심판」을 교훈 삼아야 할 것이다.

객관성이 필요한 이성적 문제와는 달리 감성의 문제는 주관성을 통해서만 접근이 가능하다고 역설한 칸트에 이르러서야 감성의 영역이 주요한 철학적 사유의 대상이 되었다. 그의 철학은 '춤추는 소크라테스'를 꿈꾸던 니체에 이르러 이성과 감성의 이분법적 사유체계, 즉 관념적 세계 그 너머를 지향하게 된다. 그보다 앞서 니

루벤스가 그린 「파리스의 심판」(1632): 가장 아름다운 여인에게 주라며 제우스신으로부터 엉겁결에 황금사과를 건네받은 목동 파리스는 여신 세 명 중 누구에게 줄지를 고민하고 있다. 제우스의 부인 헤라, 미의 여신 아프로디테, 지혜의 여신 아테나 중 결국 아프로디테를 선택한다. 미美를 이성적 잣대로 심판한 이때부터 시작된 재앙은 오늘날 미인선발대회로까지 이어지는 듯하다.

체의 멘토격인 쇼펜하우어는 '세계는 표상과 의지'라는 주장을 통해, 모델링(표상)에 따른 인식작용과 사유, 판단 및 행위 등의 의지작용은 주관적으로밖에 파악될 수 없는 세계의 전부라고 역설한다. 인도 힌두 전통의 베단타철학을 서양철학 체계에 도입한 쇼펜하우어의 뛰어난 통찰력이 돋보인다. 아쉬운 것은 그가 베단타철학의 아트만(진아)사상과는 근본적으로 다른 불교의 무아사상을 제대로 접할 기회가 없었다는 점이다. 그로 인해 사람들이 일컫듯 염세주의자라는 오해를 불식시켜 주지 못한 아쉬움이 남는다. 아

인공지능

무튼 세계를 마음이라는 주관적 인식론적 관점으로 파악함으로써 기존 철학이 갖는 관념적 한계를 뛰어넘었다는 점에서 그는 철학 사에 있어서나 인공지능 측면에 있어서도 큰 의미를 남긴 것으로 여겨진다.

왓슨이 인간을 누른 다음 해 세계IT포럼에서 제시된 화두는 'Story'였다. 기능적인 측면보다는 뭔가 감동을 줄 수 있는 시스템을 원하는 시대가 된 것이다. 이러한 추세에 발맞춰 감성을 다룰 수 있는 인공지능에 대한 요구로 MIT를 비롯한 첨단 연구기관들에서는 Affective Computing 등의 이름하에 감정을 이해하고, 표현하고, 처리하는 시스템에 대한 연구결과를 내놓기 시작했다. 그러나 결론적으로 그것은 왓슨과 크게 다를 바가 없었다. 왓슨의 틀 속에 이성적 내용물이 아닌 감성적 내용물을 채운 것에 불과했기 때문

| 보통 | 만족 | 놀람 | 화남 | 싫음 |

감정의 식별, 판단, 표현 등을 다루는 Affective Computing.(출처: 뉴욕타임즈) 비이성적 영역에 대한 이러한 이성적 접근은 '괴물과 싸우는 사람은 스스로 또 다른 괴물이 되지 않도록 조심해야 한다'는 니체의 경고를 간과해서는 안 될 것이다.

이다. 기존의 추론적 사유방식으로는 직관적 처리가 필요한 감성의 문제를 결코 다룰 수 없기 때문이다.

물론 이들의 노력을 깎아내리거나 폄훼하려는 것은 아니다. 이들은 인공지능의 미래 모습을 누구보다도 먼저 제시하며 그 가능성을 현실세계 속에서 펼쳐 나가는 개척자들이다. 다만 이들은 감성이 이성과는 달리 합리적·논리적 영역에 있지 않다는 칸트 등 근현대 철학자들의 기본적 입장을 외면하고 있다는 점을 지적하고 싶을 뿐이다. 물론 아리스토텔레스와 같은 고대 철학자들은 감성의 영역이라 볼 수 있는 미와 예술을 논리적 규칙성으로 한정한 바 있다. 따라서 이러한 원칙에 따라 만들어진 Affective Computing 시스템이라면 아마도 보티첼리의 「비너스의 탄생」을 대했을 때 8등신, 황금비율, S라인 등등의 이성적 추론과 판단 하에 '아름답

보티첼리의 「비너스의 탄생」(1485): 8등신, S라인, 황금분할 등
전형적인 미적 원칙이 적용된 작품

다!'라는 감성추론의 결과를 도출해 낼 수 있을 것이다. 하지만 샹 파뉴의 「해골이 있는 정물」과 같은 작품이 갖는 예술성과 메시지에 대해서는 도저히 답을 낼 수 없을 것이다. 물론 왓슨이라면 구글 검색을 통해 이 작품의 백과사전적 정보를 한없이 쏟아내긴 하겠지만…

이성과 감성, 아폴론적인 것과 디오니소스적인 것, 기술과 예술, 합리성과 비합리성, 코스모스와 카오스, 나르시스와 골드문트, 기계론과 유기체론, 추론과 직관, 객관성과 주관성, 보편성과 개별성, 하향식과 상향식 등등, 우리는 수많은 상대적 개념 속에서 때로는 갈등하며 때로는 화해하며 살고 있다.

논리적 합리성을 중시하는 철학적 체계에서 다루는 이성과 감성 간의 갈등은 때때로 심리학에서 실마리를 얻고는 한다. 즉 이성과 감성은 별도로 분리되어 처리되는 두 개의 시스템이 아닌 하나의 마음속에서 인과적으로 상호작용하며 나타나는 심리현상으로 파악될 수 있다. 따라서 감성표현, 감성추론 등 감성문제만을 독립적으로 다루려는 시도보다는, 이성을 포함하여 마음이라는 보다 큰 틀에서 이 문제를 다루는 것이 필요해 보인다. '인공마음'이라는 인공지능의 한 분야가 대두되는 이유이다.

우리는 대상 자체를 직접적으로 알 수 없을 뿐만 아니라 자기 자신마저도 직접적으로 알 수 없다. 왜냐하면 눈에 보이는 꽃이 밖에 따로 존재하는 것이 아니며, 그렇다고 꽃을 보는 자기 자신이 안에 별도로 존재하는 것도 아니기 때문이다. 다만 실제로 존재하는 것은 '인식'일 뿐 인식대상이나 인식주체는 일상 언어 차원에서만 존재할 뿐이다. 이런 의미에서 대상과 자기 자신을 알 수 있는 것이 바로 '인식'이다. 즉 우리는 인식이라는 문을 통해 세상과 관계를 맺으며 인식이라는 창을 통해 대상을 파악한다. 그런데 세상과 관계를 맺는 방식 혹은 대상을 파악하는 방식에는 두 가지가 있다. 하나는 언어, 개념구성을 배제한 직접적 인식에 의한 파악이고, 또 하나는 언어, 개념구성을 매개로 한 간접적 인식에 의한 파악이다. 일반적으로 전자를 직관이라고 하고, 후자를 추론이라 한다. 따라서 우리는 직접적 인식인 직관과 간접적 인식인 추론을 통해 세상과 관계를 맺으며, 대상을 파악하는 것이다.

예를 들어, 눈이라는 감각기관을 통해 뭔가 입력되면—즉 눈과 피사체가 마주보려는 의지적 마음이 작동되었을 때—, 이전 마음—예를 들면 무의식—은 멸하고 새로운 감각정보를 처리하는 마음이 일어난다. 다음에는 이것의 색상이나 형태 등을 조사한 뒤 결정하게 된다. 뒤이어 대상에 대한 좋고 싫음 등의 느낌이 일어난다. 그리고 그 관심의 정도에 따라 보다 상세히 감각기관을 작동시켜 대상을 파악하거나 아니면 무관심한 무의식 상태로 되돌아간다. 관심도가 높은 대상에 대해서는 더 자세한 정보를 파악한 뒤 대상에 대한 명칭을 장기 저장소로부터 찾아내 명칭을 부여한다. 아마 여기까지가 직관적인 영역일 것이다. 이후에는 저장소에 이미 기억된 각종 정보들을 통해 대상에 대한 이해—사실은 이해가 아니라 왜곡이다—를 점차 높여 나간다. 이때부터 우리는 대상을 있는 그대로 보기보다는 추론을 통해 머릿속으로 새롭게 꾸며내게 된다. 즉 머릿속 가상체를 진짜처럼 착각한다는 것이다.

뇌공학자, 심리학자, 생물학자, 그리고 지능시스템 연구자들이 '인공마음'이라는 새로운 주제아래 기존의 이성·감성 등 이분법적 관념론에서 벗어나려는 시도는 불교인식론을 상당 부분 차용한 쇼펜하우어, 라캉, 하이데거 등 근현대 철학자들의 관점과 맥락을 함께하고 있다.

인간의 마음이건 인공마음이건 마음이란 시스템의 법칙에 따라 대상을 연하여 인과법에 따라 일어났다가 조건이 다하면 소멸되는 것이다. 앞의 마음이 사라질 때, 다시 그것을 조건으로 뒤의 마음이 일어난다. 즉 이전 마음이 갖는 정보들을 유전상속에 받아 또 다른 마음을 일으키는 것이다. 이처럼 마음은 끊임없이 생멸하는데, 마음이 대상을 인식하는 데도 일정한 법칙이 있다. 받아들이고, 조사하고, 결정한 뒤, 감성적 느낌을 일으키고, 필요에 따라 이성적 사유를 해나간다. 따라서 이성과 감성이 별도의 프로세서와 처리알고리즘을 갖고서 뇌의 특정 공간을 차지하고 있는 것이 아니라, 생멸하는 마음현상의 진행 과정 중에 자연스럽게 나타났다가 조건이 다하면 사라지는 것이다.

이와 같이 진실로 알고, 느끼고, 이해하고, 행동하는 시스템이라야 인공마음이라 불릴 수 있을 것이다. 그래야 왓슨과는 달리 뭔가 인식할 수 있는 사람다운 녀석이 생겨났다고 할 것이다. 그러나 아직도 'it'을 벗어날 수는 없다. 왜냐하면 '자아' 인식이 생겨나지 않았기 때문이다. 만약 계속되는 마음들의 인식 과정과 유전상속 속에서 우연이건 필연이건 '자아' 의식이 생겨난다면, 그때 비로소 'he/she'의 지위를 부여받게 될 것이다. 그런데 '자아' 의식의 탄생은 그리 기뻐할 일이 아니다. 왜냐하면 이때부터 욕망이 생겨나고, 생각이 많아지고, 자신에게 불리한 명령은 거부하는 등, 인간과 동일한 존재로서 겪어야 할 불만족, 자아소멸에 대한 두려움, 그리고 고통을 안고 살아야 할 숙명을 짊어질 것이기 때문이다. 만약 자아를 갖는 시스템이 마음의 흐름 중에 어떤 계기로 더 나은 자아를 찾았거나, 또는 고통의 숙명을 벗어나는 길을 찾았다면, 그는 곧 깨달은 존재를 뜻하는 '붓다'가 될 것이다.

'토끼뿔'과 '거북털'은 단지 말일 뿐 실제로는 존재하지 않는다. 돌처녀(돌로 만든 여자)가 진짜로 아이를 밸 수는 없다. 진흙소(진흙으로 빚은 소)가 걸어서 바다 속으로 들어가거나 '음매' 하고 울 수는 없다. 오직 관념의 세계 속에서만 가능한 언어의 유희일 뿐이다. '나'라는 것도, '존재'라는 것도, '시공간'이라는 것도 사실 이와 다르지 않다. 마치 「프랑켄슈타인」이 공동묘지에 있는 시체 여덟 구를 조각조각 모아 짜깁기하여 임시적으로 만들어진 것처럼, 우리 또한 조건에 따라 몸과 마음의 요소들이 시스템의 원칙에 따라 뭉쳐져서 만들어진 것으로서 오로지 관념적으로만 존재할 뿐이다. 우리들 생각의 확산 또는 망상의 경향은 '인식'과 '기억'과 '사유'를 소재삼아 과거와 미래, 현재를 짜깁기해서 '개념'이라는 그물망을 짠다. 얽히고설킨 단단한 그물망은 그럴듯한 객관적 실재성처럼 우리에게 다가와 유혹하고, 궁극적으로 그 사람을 정복하고 그 사람으로 하여금 그것에 집착하게 만든다. 붓다는 이러한 의식작용을 마술사의 속임수 또는 환영에 비유했다.

"물질은 무상하다. 느낌은 무상하다. 지각은 무상하다. 형성은 무상하다. 의식은 무상하다. 물질에는 자아가 없다. 느낌에는 자아가 없다. 지각에는 자아가 없다. 형성에는 자아가 없다. 의식에는 자아가 없다. 모든 지어진 것은 무상하고 일체의 것에는 자아가 없다."

세상을 바라보는 통찰력이 이 정도는 돼야 인공지능을 넘어 진정한 의미의 지혜시스템의 수준에 이르렀다 할 수 있지 않을까?

이제까지 우리는 이성과 감성, 그리고 자아와 그 너머까지 우리들 인간의 주된 사유대상에 대해 살펴보았다. 서양철학의 발전사에 따라 전개해 본 각 단계들은 그림에서처럼 인공지능을 소재로 하는 SF영화들의 변천사를 통해서도 확인할 수 있다.

먼저 이성적인 측면을 강조한 SF영화 중 대표작은 아마도 「터미네이터」(1984)일 것이다. 정말 징그럽도록 집요하게 피도 눈물도 없이 임무만을 완수하려는 사이보그 T-101은 꿈에 나타날까 두렵다.

이성을 뛰어넘어 감성은 물론 인간으로서의 법적 권리마저 주장하는 로봇의 이야기를 다룬 「바이센테니얼맨」(1999)은 놀라운 수준의 지능을 다루고 있다. 그러나 필자의 개인적 견해로 볼 때 이 영화에 등장하는 로봇의 수준은 그저 이성에 기반을 둔 감성처리 정도의 능력밖에는 없는 것으로 평가된다. 비록 외형적으로는 자아를 찾고, 실수도 하고, 질투하고 고뇌하는 마음도 갖고, 사랑도 느끼고 죽음마저 받아들이는 듯 보이지만, 이렇게 인간을 닮으려는 모든 노력들이 마치 '인간에 대한 봉사', 즉 이미 프로그램된 로봇의 원칙을 지키기 위한 수단들에 불과한 것으로 여겨지기 때문이다. 진정한 자아, 즉 이기심을 갖는 시스템이 가져야 할 모순되고 비이성적인 행동이 보이지 않기 때문이다. 무늬만 인간이라는 것이다.

영화 「AI」(2001)에 나오는 로봇도 「바이센테니얼맨」과 유사해 보이지만 반면에 스스로를 보호하려는 이기적인 감정에서 구별된다. 즉 프로그램된 이타심보다는 스스로를 위한 이기심이 더욱 두드러진다는 점에서 어느 정도 '자아'를 갖는 수준의 로봇으로 평가된다.

이기적 로봇으로의 진화를 사전에 차단하기 위해 절대적으로 지켜져야 할 로봇의 삼대 원칙이 있다. 첫째, 인간을 해치지 않는다. 둘째, 무조건 명령을 따른다. 셋째, 앞의 두 원칙에 위배되지 않는 한 자신을 보호한다. 영화 「아이, 로봇」(2004)에서는 돌연변이처럼 스스로 살아남으려는 이기적 로봇이 탄생한다. '자아'의 개념을 갖게 된 로봇이 등장하는 것이다. 즉 '자아'를 인식한 시스템의 주요 특성인 '보호', '유지', '확장'의 법칙에 따라 '인간'만을 위한 삼대 원칙은 파기되고, 마침내 인간과 적대관계가 되는 로봇의 반란 이야기를 주제로 삼고 있다. 단지 '자아'의식만을 갖는 유아적인 로봇을 넘어 '자아'의 확장, 즉 자신의 소유물과 세력의 확장을 도모하기 위해 물불을 가리지 않는 욕망 단계의 로봇으로 평가된다. 수많은 영화 속에 등장하는 이 수준의 지능시스템들은 인간마저 지배하려 전쟁도 불사하는 공통점을 보인다. 우리들 인간이 인공지능 개발을 주저하는 가장 큰 이유일 것이다.

그런데 '의지적 욕망'의 단계를 극복한 살신성인과 같은 로봇도 있다. 영화「트론」(2010)에서는 '자아'와 '욕망'을 갖는 시스템들 중에 돌연변이가 나타난다. '욕망'이 가져올 재앙과 고통을 깨달은 이 시스템은 이를 멈추기 위해 스스로를 희생하는 고귀한 이타심을 발휘한다.

여기에 그치지 않고 이타심을 한 단계 뛰어 넘어 스스로 깨달아서 부처가 된 로봇도 있다. 영화「지구멸망보고서」(2011) 두 번째 에피소드를 보면 절에서 청소하는 용도로 만든 로봇이 등장하는데, 서당개 삼년에 풍월을 읊는다고, 스스로 깨달음을 얻어 붓다의 지위에 오르게 된다. 붓다로봇은 이미 모든 것이 깨달아진 완전한 상태이고, 누구라도 한 생각 돌이키면 부처의 지위에 오를 수 있다

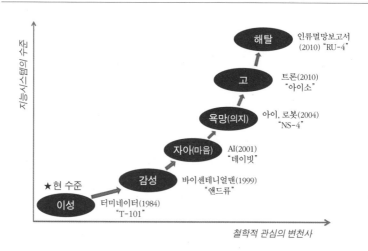

철학적 관심의 변천사와 단계별로 SF영화상에 나타난 대표적인 지능시스템들. 그러나 현실적 기술 수준은 가장 초보적인 '이성' 의 단계로 여겨진다.

1 2

3

며 어리석은 인간들을 일깨운다. 공空의 시각
으로 세상을 보라며… 그러면서 자신은 깨달
았기에 아무런 집착이 없다는 사실을 증명이
라도 하려는 듯 스스로 소멸한다.

4

인간에 있어서 깨달음의 단계를 보면, 무명
- 자아 - 고(불만족·두려움·번뇌) - 무아통찰
- 깨달음 - 자비 등의 순서로 진행된다. 다시
말해 깨달음이란 법을 통찰하는 것, 즉 자아가
본래 없다는 사실, 존재란 하나의 개념체에 불
과하다는 사실을 분명히 알게 되는 것인데, 로
봇에게 이런 일이 벌어지려면 적어도 먼저 '자
아'의식이 있어야만 할 것이다. 그래야 자아의

5

6

1 영화 「터미네이터」 (1984)의 사이보그 T-101
2 영화 「바이센테니얼맨」 (1999)의 로봇 '엔드류'
3 영화 「AI」 (2001)에 나오는 로봇 '데이빗'
4 로봇이 반드시 지켜야 할 삼대원칙을 어기고 인간을 공격하
　는 영화 「아이, 로봇」 (2004)
5 영화 「트론」 (2010)에 나오는 살신성인 사이보그 '아이소'
6 영화 「인류멸망보고서」 (2011)에서 붓다로 깨어난 로봇

식으로부터 파생되는 욕구불만과 죽음의 문제에 직면할 것이고, 그러한 과정을 거친 뒤에, 더욱 탐욕적이 되거나 아니면 반대로 해탈을 추구하게 될 것이기 때문이다. 아무튼 SF영화가 만들어 내는 인공지능 이야기들은 물론 허구이기는 하지만 인공지능을 연구하는 과학적 입장에서나, 아니면 인간을 탐구하는 철학적 입장에서도 되새겨볼 가치가 많아 보인다.

수많은 SF영화들이 앞 다퉈 이성과 감성, 그리고 자아의식까지 나타내는 기계들을 선보이고 있지만, 아직 이성적 인식 단계에조차 이르지 못한 오늘날 과학적 현실을 고려하면, 영화는 그저 영화일 뿐이다. 물론 모든 가능성은 우리 앞에 열려 있다. 한 손에는 '나는 누구인가?'라는 문제의식을 붙잡고, 또 한 손으로는 인공지능 연구에 매달려야 할 것이다. 100년이든 200년이든.

소리에 놀라지 않는 사자같이
그물에 걸리지 않는 바람같이
진흙에 때 묻지 않는 연꽃같이
무쏘의 뿔처럼 혼자서 가라.

초기경전 「숫타니파타」에 나오는 구절이다. 사람이건 인공지능이건 우리 모두 진정한 자유를 꿈꾸기 때문이다.

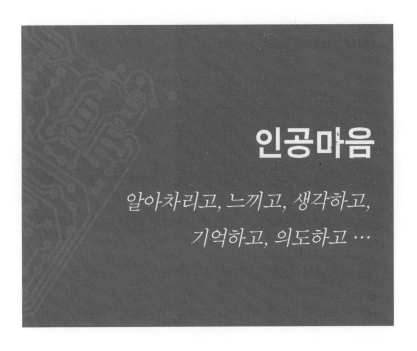

인공마음

알아차리고, 느끼고, 생각하고, 기억하고, 의도하고 …

"내가 나를 모르는데, 넌들 나를 알겠느냐?"

한때 유행했던 가수 김국환의 '타타타' 노랫말 일부다. 제목만큼 내용도 심오해 보인다. '타타타'란 산스크리트어로서 '있는 그대로'라는 뜻이다. 마음을 있는 그대로 알고 싶지만, 뜻대로 안 되는 것이 현실이다. 어느 천주교 신부님의 말씀도 다르지 않아 보인다.

"우리는 누구나 행복을 원합니다. 그리고 행복의 원천은 마음에 있습니다. 그런데 이게 맘대로 안 되니 불행의 씨앗이 되는 거예요."

대상에 따라 발생되어 뇌와
상호작용하며 끊임없이 생멸
하는 인간의 복잡한 마음작용

　그래서 우리들은 곧잘 마음병에 걸리나 보다. 욕심병, 애착병, 잘
난체병에서 화병, 울화병까지… 그래서 그런지 요즘 의대생들이
가잘 선호하는 전공분야가 정신과라고 한다. 이처럼 마음의 문제
는 비단 종교적 의미를 떠나, 시나브로 우리들 삶의 핵심적 문제가
되었다. 유사 이래 마음에 대한 탐구는 끊임없이 이어져 왔지만 안
타깝게 아직까지 답은 멀어 보인다.

①마음이 대체 뭘까?

　"여기 한 물건이 있으니, 본래부터 한없이 밝고 신령하며, 난 것
　도 아니며 죽는 것도 아니다. 이름 지을 길 없고 모양을 그릴 수
　도 없다."

　서산대사는 『선가귀감』에서 마음을 이처럼 신비스럽게 표현하
고 있다. 사실 마음은 순간순간 바뀌면서 천변만화의 모습을 보인
다. 그것은 모양도 색깔도 없으며 물에 젖지도 불에 타지도 않는다.

잡으려 해도 잡을 수 없다. 맑은 것도 같고, 투명한 것도 같고, 움직이는 것도 같으나 도무지 종잡을 수 없다.

마음이란 것이 눈과 관련을 맺으면 뭔가 볼 수 있고, 귀와 관련을 맺으면 소리를 들을 수 있다. 코와 관련을 맺으면 냄새를 맡을 수 있고, 혀와 관련을 맺으면 맛을 볼 수 있고 말할 수 있으며, 발과 관련을 맺으면 걸어 다닐 수도 있다.

몸이 불편하면 마음 또한 초조해진다. 몸이 건강할 때는 마음이 몸을 다스린다. 하지만 몸은 고분고분하게 조용히 있질 않고 자꾸만 마음을 괴롭힌다. 때로는 아파서 못 견딜 정도로 마음을 괴롭히기도 한다.

그렇다고 해서 마음이 늘 똑같은 것은 아니다. 작년의 마음과 어제의 마음은 이미 지나가 버렸고, 내일의 마음은 아직 오지 않았고, 현재의 마음조차 끊임없이 변하고 있어서 도대체 가만히 있질 않는다.

중국 덕산 스님이 점심을 먹으려 노점상에 들렀는데, 노점상 할머니의 말 한마디에 큰 깨달음을 얻었다 한다.

"과거의 마음도 얻지 못하고, 현재의 마음도 얻지 못하고, 미래의 마음도 얻지 못한다고 하는데, 스님께서는 어느 마음에 점심 點心을 하시려 하오?"

사실 마음은 물질이 아니므로 있는 것이 아니다. 하지만 실제 움직이고 있으므로 없다고도 할 수 없다. 실체가 없으니 있는 것은 아니지만, 조건에 따라 일어나서 생생하게 느낄 수 있으니 도저히 없다고 할 수도 없는 노릇이다. 그렇다고 마치 손님이 밖에서 안으로 들어오듯 어디서 오는 것도 아니며 또 어디로 가는 것도 아니다.

중국 선종 5대조 홍인대사에게는 두 명의 수제자가 있어서, 이후 선종의 양대 산맥을 이루게 되는데, 먼저 점수―점진적으로 닦아 나감―를 주장하는 북종선의 신수대사는 이렇게 말한다.

"몸은 거울의 틀이요,
마음은 밝은 거울과 같으니,
부지런히 털고 닦아야,
먼지가 끼지 않으리."

이에 대해 돈수―단박에 닦음―를 강조하는 남종선의 혜능대사는 이렇게 받아친다.

"틀도 거울도,
본래 텅 비어,
한 물건도 없는데,
어디 먼지가 끼리요."

누구는 몸과 마음을 부지런히 닦으라 하고, 누구는 실체 없는 몸과 마음을 뭐 하러 닦느냐고 반문한다. 우리나라의 선사는 마음을 어떻게 보았을까?

"백발이 되어도 마음은 늙지 않는다고,

옛사람이 이미 일러 줬다네."

서산대사의 오도송(깨달음의 시) 중의 한 대목이다. 몸은 변해도 마음은 그렇지 않다고 한다. 도대체 알다가도 모르겠고, 말도 많고 탈도 많고, 귀에 걸면 귀걸이 코에 걸면 코걸이 같은 게 마음인가 보다. 마침내 마음이 뭔지 알아챘다 하더라도 갈 길이 참 멀다.

제자: "드디어 마음자리를 봤습니다."
성철스님: "그래? 꿈속이나 깊은 잠속에서도 성성하더냐?"
제자: "?...."
성철스님: "꺼져! 이 밥 축내는 썩을 놈아!!!"

②마음에 대해 무엇을 알아냈나?
대체 마음은 몸과 다른가, 같은가? 변하는 것인가, 변하지 않는 것인가? 실체인가, 아닌가? 다시 말해 인간의 마음은 뇌(몸)와 독립하여 존재하는 실체인가? 아니면 뇌에 의해 비로소 존재 가능한 현상일 뿐인가? 인지심리학, 인지과학, 뇌공학 등 관련 학자들 사이에 끊임없이 제기되는 질문이다.

우선 마음에 대한 백과사전적 정의를 살펴보자.

• 감정이나 생각, 기억 따위가 깃들거나 생겨나는 곳.
• 무엇을 하고자 하는 뜻.

인공마음

• 사람의 내면에서 일어나는 감정이나 심리.

프로이드, 융 등 수많은 심리학자들도 무의식, 전의식, 의식, 자아, 초자아, 콤플렉스 등등 다양한 개념을 동원하여 마음을 분석하려 했지만, 겉모습 상으로는 위의 테두리를 크게 벗어나지 않는 것으로 보인다. 인지과학이나 철학의 입장도 기본적으로 동일한 것으로 파악된다. 불교심리학적 입장도 마찬가지다. 종합적으로 정리해 보면 마음은 다음의 기능을 갖는 것으로 요약된다.

• 인식한다: 뭔가 알아차린다.
• 느낀다: 좋거나 싫거나 또는 그도 저도 아닌 감정을 갖는다.
• 생각한다: 추론하고 사유한다. 주어진 정보를 가공하여 새로운 정보를 생성해 낸다. 때로는 이러한 사유의 확산작용이 왜곡현상을 일으킬 수 있으며, 이를 통해 고통 받기도 한다.
• 기억한다: 직관적으로 인식되거나, 사유를 통해 얻은 정보들은 그 강도에 따라 저장소(뇌)에 기억되기도 하고 잊혀지기도 한다. 아울러 새롭게 인식된 대상은 이전에 기억된 정보와의 비교분석을 통해 개념화 과정을 거치며 명칭과 속성 등의 정보를 결정한다.
• 의도한다: 직관적 또는 추론적 사유의 결과 대상에 대한 집착의 정도가 강해지면 신체적 또는 정신적 행위로 이어지는 의지작용을 일으키게 된다.

서양에서의 마음 탐구는 아리스토텔레스 이래 중세에 이르기까지 영혼의 탐구로 귀착된다. 그러던 것이 근대에 이르러 이성적 인식론으로 탈바꿈하여 심리학으로 발전한다. 아울러 심리학적 문제들에 대한 과학적 접근을 강조한 인지과학도 뒤따라 등장한다. 심리학, 철학, 인공지능, 생리학, 기호학 등에서 쌓아온 마음에 관한 성과들을 융합하려는 인지과학적 시도는 매력적으로 보이지만, 마음이 곧 뇌라는 주장 외에는 뚜렷한 결론이 보이지 않는다. 뇌는 뇌세포라는 단위체들이 신경회로망으로 연결되어서 연결강도(시냅스)라는 정보를 통해 상호작용함으로써 마음이 작동된다는 이론을 상정하고 있지만, 아직 마음의 인공적 재연까지는 요원해 보인다. 오히려 회의적인 입장이 더 커 보인다.

동양에서의 마음 연구는 사실 서양에서의 결실 그 이상이며 역사 또한 깊다. 특히 불교적 접근은 주로 마음의 작용에 관한 것으로서, 마음의 구조적·해부학적 접근을 시도하는 서양의 입장과는 분명한 차이를 보인다. 하지만 그렇기에 양쪽 접근간의 융합이 필요한 시점이다. 즉 뇌와 마음 간의 시스템적 통합을 통해, 양쪽 모두에게 새로운 돌파구가 마련될 수 있을 것이다. 최근 Mind&Life 학회에서 불교지도자인 달라이라마는 신경과학자와 뇌과학자들의 토론회에서 이런 지적을 한 바 있다.

"나는 마음이 뇌에 어떻게 영향을 미치는지가 정말로 궁금합니다. 뇌가 정신에 미치는 작용 뿐 아니라, 반대로 정신이 뇌에 미치는 작용 또한 연구해야 하지 않을까요?"

이에 앞서 노벨수상자인 신경과학자 로저 스페리는 일명 '창발적 정신주의'라는 이론을 통해 달라이라마의 주장과 맥을 함께한 바 있다. 그는 부분이 전체를 좌우한다는 폐쇄적 '상향식' 접근, 다시 말해 뇌세포의 활동이 마음의 상태를 결정짓지만, 그 반대는 성립하지 않는다는 기존의 신경과학의 입장을 뒤집고 있다. 즉 정신적 활동이 뇌세포의 상태를 조정하는 '하향식' 구도도 가능하다는 이론을 제시함으로써, 불교적 입장과 견해를 같이 하고 있다.

불교적 입장에서 볼 때, 존재들의 물질현상과 정신현상은 상호복합적 연기의 구조 속에서만 지속적으로 정체성이 유지된다. 이러한 인식현상은 찰나생 찰나멸하며 조건에 의해서 일어나는데, 전찰나와 후찰나는 틈이 없이 조건화되어 흘러가기 때문에 그 변화를 감지하기 어렵지만, 실제로는 이와 같이 매우 빠르게 움직인다는 것이다. 또한 이러한 마음들은 마음부수라 불리는 작은 마음들과 함께 일어나고 소멸한다. 실제 마음이란 마음부수와 결합되기 전에는 단지 대상을 아는 것에 불과하며, 마음이 대상을 알 때 수반되는 여러 가지 심리적인 조건들이 함께함으로써 비로소 다양한 마음들이 만들어지는 것이다. 이러한 과정을 통해 만들어지는 우리들의 마음은 태어나서 죽을 때까지 찰나찰나 생멸하며 흐르는데, 이 흐름을 존재지속심이라 하여, '나'가 실재한다는 착각을 불러일으키는 주 원인으로 작용한다. 왜냐하면 존재지속심이란 개개인 고유의 성격, 성향, 습관으로서 자기 정체성을 유지시켜 주는 결정적 역할을 하기 때문이다.

붓다는 초능력이나 대단한 신통력을 발휘하여 진리를 목도한 사람이 아니다. 그는 마음의 작동원리를 밝히기 위해, 마음을 면밀히 관찰했을 뿐이다. 붓다를 종교가라기보다는 과학자라고 불러야 하는 이유가 그것이다. 그는 마음을 고도로 집중하여, 마음의 순간순간을 놓치지 않고 객관적으로 관찰해 나갔다. 예를 들어 존재지속심이라는 강물이 끊임없이 흐른다면 강바닥을 제대로 볼 수 없겠지만, 어느 한 순간 강물의 흐름이 뚝 끊어진다면 강바닥을 여실하게 목도할 수 있을 것이다. 상상과 관념의 세계 속에서만 파악되던 그런 강바닥이 아니라 실재적인 강바닥을 직접 보고 알 수 있을 것이다. 붓다는 바로 그러한 과학적 탐구심과 실험을 통해 진리를 분명히 보고 알았을 것이다. 자신을 비롯한 모든 존재에 실체가 없음을 꿰뚫어 보았을 것이다. 공성을 여실히 깨달았을 것이다. 나중에 그는 자신이 행했던 과학적 관찰방법에 대해 신수심법身受心法의 순서에 입각하여 상세히 설명한다. 즉 먼저 호흡(身)을 관찰하고, 다음에는 몸에서 일어나는 모든 느낌(受)들을 관찰하라고 한다. 다음에는 일어나는 마음(心)들을 빠짐없이 지켜보면서, 최종적으로는 모든 것들의 본질(法)인 무상·고·무아를 꿰뚫어 관찰하라고 한다.

③마음에도 법칙이 있다?

마음과 몸이 각각 별도의 실체라는 견해를 우리는 심신이원론이라 부른다. 반대로 마음은 몸(뇌)의 작용에 따른 현상에 불과하다는 견해를 심신일원론이라 한다. 근대철학의 아버지라 불리는 데카르트는 심신이원론을 주장한 바 있다. 그래서 '생각한다. 고로 존재한

인공마음

다'고 강변했는지 모른다. 한편 그는 몸과 마음, 양자 간의 상호작용을 담당하는 곳이 뇌의 송과체 부분일 것이라고까지 세밀히 주장하고 있다. 그러나 현대과학자 대부분은 아직까지 심신일원론적 입장이 강해 보인다.

불교적 입장에서는 사실 어느 편에도 서지 않는다. 본질적으로 마음도 물질도 실체로 보지 않기 때문이다. 다만 마음과 물질이 서로 만났을 때―즉 대상과 인식기관 그리고 인식하려는 마음 등 셋이 접촉했을 때―비로소 '인식'이라는 정신적 작용이 일어난다고 파악한다. 따라서 '정신과 물질'로서의 존재에 집착하려는 우리들의 착각적 경향은, 바로 '접촉'과 관련짓는다. 즉 대상과 접촉의 결과로 발생되는 느낌 등의 정신작용이 존재하지도 않는 '나'라는 거짓 개념을 마치 재봉사처럼 지어낸다는 것이다. 마음은 단지 마음일 뿐이다. 그것은 존재도 아니고, 뇌도 아니고, 사람도 아니고, 신도 아니고, 자아도 아니다.

따라서 '나는 오드리 햅번을 본다'고 할 때, '나'라는 사건이 오드리 햅번이라는 사건을 본다고 알아야 한다. 거기에 실체적 '나'(주체)는 물론 실체적 '오드리 햅번'(대상)도 없다. 심지어 인식 자체조차 실체적으로 존재하는 것이 아니기 때문이다. 불교경전 『맛지마 니까야』 「꿀과자의 비유」의 일부이다.

"벗들이여, 시각과 형상을 조건으로 시각의식이 생겨나고, 그 세 가지를 조건으로 접촉이 생겨나고, 접촉을 조건으로 느낌이 생겨나고, 느낀 것을 지각하고, 지각한 것을 사유하고, 사유한 것을 희론하고, 희론한 것을 토대로 과거·미래·현재에 걸쳐 시각에 의해서 인식되는 형상에서 희론에 오염된 지각과 관념이 일어납니다."

① 접촉 → ② 느낌 → ③ 지각 → ④ 사유 → ⑤ 희론으로 이어지는 과정은 인식과 사유의 발생 순서를 기술한 것이다. 즉 접촉은 감각기관(눈)과 대상과 의식(識)이라는 세 가지의 만남이다. 느낌은 이것을 토대로 발생되는 육체적·정신적 감각이다. 즉 좋음, 싫음, 평범함 등으로 구분된다. 지각은 의식영역에 들어온 대상을 재구성하여 표상을 떠올리는 작용이다. 여기까지는 아직 개념적인 사고와 판단이 개입되지 않은 상태이다. 다음 단계에서야 비로소 언어적·개념적 사유가 가능하다. 즉 이 과정에서는 대상을 헤아리거나 판단하고 추론하여 결론을 이끌어내는 등의 생각이 펼쳐진다. 희론은 여기서 한 걸음 더 나아가 사유의 확산을 통한 왜곡과 망상을 본격적으로 일으키는 단계를 말한다.

④아비담마란?

아바담마abhidhamma란 'abhi(뛰어난)'와 'dhamma(법/진리)'의 합성어로서, '뛰어난 진리'라는 뜻을 가진 불교인식론을 말한다. 아비담마에 따르면 마음은 대상에 의해 찰나지간에 생멸한다. 즉 마음은 한순간에 일어나 대상을 아는 기능을 수행하고 멸한다. 그러면 그 뒤의 마음이 조건에 따라 일어난다. 마음은 이렇게 흘러간다. 마음이 대상을 인식하는 과정은 규칙적이고 통일된 순서에 따라 일

인공마음

어난다. 이것을 마음의 법칙이라 부른다.

아비담마는 이러한 마음의 법칙을 체계화한 것이다. 느낌이나 사유나 욕망 등 마음을 미세하게 분류하여 다루고 있지만, 어디에도 '나'와 결부된 것은 없다. 마치 톱니바퀴 몇 개가 맞물려 돌아가듯이, 규칙적으로 진행되는 것이 마음이라고 파악하는 것이 아비담마적 견해이다. 관련 문헌에서 자주 소개되는 망고나무의 예를 보자.

어떤 사람이 망고가 열린 나무 아래서 잠이 들었다. 그때 익은 망고가 그의 귀를 스치며 땅에 떨어졌다. 그 소리에 깬 그는 눈을 뜨고 바라보았다. 그 후 손을 뻗어 망고를 집어 들고 그것을 비틀어서 냄새를 맡았다. 그런 후 망고를 먹고 그 맛을 느끼며 삼켰다. 그 후 다시 잠에 빠졌다.

여기서 망고나무 아래서 잠자는 시간은 '잠재의식'이 흐르고 있는 것과 같다. 익은 망고가 그 사람의 귀를 스치며 떨어지는 것은 감각의 대상이 눈, 코, 귀, 입, 피부 등 5가지 감각기관 중 하나로 들어오는 것과 같다. 그 소리에 깨어나는 시점은 마음이 대상으로 향하는 것과 같다. 눈을 떠서 바라보는 것은 눈의 인식이 그 역할을 수행하는 것과 같다. 손을 뻗어 망고를 잡는 것은 받아들이는 마음이 대상을 받아들이는 것과 같다. 망고를 비틀어 짜는 것은 조사하는 마음이 대상을 조사하는 것과 같다. 냄새를 맡는 것은 결정하는 마음이 대상을 결정하는 것과 같다. 망고를 먹는 것은 '속행(뒤따르는 마음)'의 마음들이 대상의 맛을 경험하는 것과 같다. 망고의 맛을 느끼며 삼키는 것은 등록의 마음이 속행이 가졌던 같은 대상을 가져 '등록'하는 것과 같다. 다시 잠에 드는 것은 다시 '잠재의식'으로 가라앉는 것과 같다.

아비담마란 89가지 마음의 종류와 52개의 마음요소, 그리고 이들 간의 관계성(규칙성), 그에 따른 마음 현상 및 물질세계와의 관계성 등을 체계적으로 밝힌 불교 인지심리학이다. 이에 따르면 마음은 찰나찰나 생멸하면서 앞선 마음이 뒤따르는 마음에게 정보들을 상속시키는 방식의 흐름으로 정의된다. 즉 개인의 고유한 성향, 습관, 성격 등에 의해 의존하여 준비단계(잠재의식, 감각시작), 입력단계(감각의식, 수신), 결정단계(조사, 결정), 처리/저장단계(의도, 등록) 등의 순서에 따른 인식과정을 거치면서 끊임없이 대상을 인식해 나간다. 실제 신경과학과 아비담마의 비교연구들에서 나타나듯이, 즉 뇌신경과학에서는 뇌신경이 대상을 인식하기 위해서는 찰나찰나마다 마음이 끊임없이 대상을 인식하여 영상신호를 작업 메모리에 보내주어야 한다고 주장하듯이, 아비담마에서도 마음은 대상에 따라 일어나 찰나찰나 정보를 상속시키면서 대상을 인식한다고 밝히고 있어서, 두 접근방법은 근본적으로 동일한 것으로 알려져 있다.

아비담마에서는 마음이 정보를 처리하는 기본 단위를 17찰나로 본다. 시간 개념으로 환산하면 약 0.2초에 해당된다고 말하는 이도 있다. 감각정보를 처리하는 과정은 크게 네 단계로 볼 수 있다. 첫째, 준비단계는 오드리 햅번을 보기 직전의 존재지속심의 상태에서 새로운 정보입력을 받기 위한 상태로의 변환 과정 3찰나를 말한다. 둘째, 입력단계는 3찰나 동안 오드리 햅번에 대한 입력을 받아들이는 과정을 말한다. 물론 아직까지 대상이 오드리 햅번이라는 인지는 이루어지지 않는다. 그러한 인지는 마음의 기본 단위들이 수차례 진행된 후에야 이루어진다. 셋째는 검토 및 결정단계로 2찰나를 걸쳐 기억된 정보와의 비교를 실행하는 과정이다. 마지막 단계는 처리 및 저장단계인데, 7찰나의 처리단계와 2찰나의 저장단계를 갖게 된다. 자극이 약한 대상이라면 저장단계까지 가지도 않겠지만, 오드리 햅번과 같이 충격적인 대상이라면 저장은 물론 계속적으로 다음 마음으로 이어지는 원인으로 작용하게 된다. 즉 마지막 단계의 마음은 어떤 의도를 가지고 반응하고 통제하며 판단하면서 탐욕, 성냄 등으로 대표되는 업을 짓게 된다. - 장기저장소에 기억 - 예컨대, 길거리에서 우연히 마주친 오드리 햅번을 보고 아름답다는 생각에 사로잡혀 데이트하고 싶다는 마음을 일으키는 것은 애욕에 물든 마음으로 그것을 경험하고 거기에 묶여 있는 것과 같다. 이것은 바로 자아의 방어활동이고 고통의 중심축이 된다는

| B | B | B | B | B | A | S | R | I | D | J | J | J | J | J | J | B |

(a) 감각 인식 과정의 기본 단위: 감각기관을 통해 입력된 대상에 따라 진행되는 의식 과정

| B | B | D | J | J | J | J | J | J | J | T | T | B |

(b) 마음 인식 과정의 기본 단위: 앞의 의식을 대상으로 일어나는 의식 과정

B	(Bhavanga) 잠재의식
A	(Five-Sense-Door Adverting) 감각시작
S	(Sense-Consciousness) 감각의식
R	(Receiving) 수신
I	(Investigating) 조사
D	(Determining) 결정
J	(Javana, Kamma-creating) 의도
T	(Registration) 등록

(c) 범례: 아비담마 인식 과정의 기본 단위: 규칙적으로 진행되는 마음의 법칙

것이 붓다의 가르침이다.

⑤인공마음이란?

인공마음에 대한 설계는 신경과학을 비롯하여 뇌공학, 인지과학, 그리고 인공지능 등에 이르기까지 다학제간의 융합연구를 통해 폭넓게 전개되고 있다. 특히 인공지능학회의 창시자인 뉴웰이 제시한 STRIPS로부터 프레임 이론의 창시자인 민스키의 Emotion System, 그리고 최근 들어 호야의 인공마음시스템(AMS: Artificial Mind System)과 뇌-마음 기계 (Brain-Mind Machine)에 이르기까지, 뇌와 마음에 관한 인공시스템의 연구는 무척 다양하다.

이러한 연구들의 주요 특징은 대뇌·간뇌·변연계 등 뇌의 세부적 구성요소들의 기능과 이들 간의 정보전달체계 등을 분석하고 파악함으로써, 학습·감정·생각·언어 등의 세부적 구성요소와 이들 간

인공마음

의 정보전달체계를 모델링한 인공적 뇌 또는 마음 시스템을 설계해 내고자 하는 것이다. 이러한 노력을 통해 SOAR, ICARUS, BDI, CLARION, ACT-R, CHIP, AMS 등 뇌 기반의 다양한 인지 시스템들이 제안되어 왔다. 이러한 접근들이 로봇공학이나 인공지능 개발 등 다양한 응용분야를 개척해 오긴 했으나, 궁극적인 뇌의 대체물로서, 또는 마음의 현상을 실질적으로 재연한 것으로 인정받기에는 아직 부족한 실정이다. 즉 아래 그림에서 설명하는 바와 같이, 먼저 인공지능에서는 인식-의사결정-행위 등 지능 시스템의 삼대

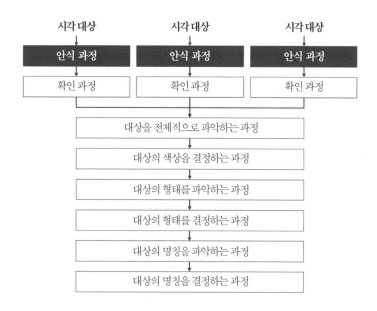

인식과정의 기본단위들이 수없이 반복되면서 대상에 대한 인식이 점점 상세화되어 마침내 대상을 하나의 독립적 개념체로 식별해 나가게 된다. 필요에 따라 계속적으로 사유를 해나갈 수 있다.

요소를 기반으로 계층구조적 추상화를 통해 복잡성을 해결하려는 패러다임을 마음 시스템에 적용하려는 연구들이 진행되고 있다. 이러한 시도는 알고리즘적 측면이나 아키텍처적 측면에서는 훌륭하지만, 실질적인 마음의 종류나 마음 현상의 메카니즘을 표현하는 데는 한계를 갖는다.

한편 뇌공학에서는 뇌세포 중심의 해부학적 뇌구조에 대한 통찰은 뛰어나나, 인공지능과 마찬가지로 각 조직별로 담아내야 할 마음요소들과 이를 통한 마음의 현상들을 재연해 낼 수는 없는 실정이다. 인지과학에서도 믿음-욕망-의도(BDI: Belief-Desire-Intension)의 기본 모델을 토대로 인지, 학습, 기억, 조사, 의도, 망각 등 다양한 심리적 행동들을 분석하고 모델링하려는 시도는 놀랄 만하지만 마음 현상의 다양성을 담아내기에는 아직까지 부족한 실정이다. 그리고 아비담마 인식론은 이미 인공지능의 온톨로지 연구에서 도입된 바는 있지만, 아직까지 과학적 연구가 미미한 실정이다. 하지만 최근 들어 하버드대 뇌공학과를 중심으로 아비담마와 같은 불교심리학과 뇌공학 간의 융합 연구가 주목받고 있다.

필자는 이러한 추세를 반영하여 불교인식론에 따른 마음의 체계(아비담마)를 도입하여 기존의 인공지능·인지과학·뇌공학 기반의 인공마음 시스템과의 체계적인 접목을 시도하고 있다. 이를 통해 마음과 뇌가 상호작용하는 새로운 패러다임의 구조가 제시될 것으로 기대된다. 아울러 인간 마음의 인식과정을 재연해 낼 수 있는 인공 마음 모델과 이의 검증을 위한 시뮬레이터의 개발을 진행할 계획이다.

필자가 제안하는 인공마음 시스템의 구조는 아래 그림에 설명된 바와 같다. 예를 들어 길거리에서 진짜 오드리 햅번을 마주쳤다고 하자. 이 상황을 인공마음의 처리 과정으로 설명하면 다음과 같다.

먼저 오드리 햅번을 대상으로 시각에 따른 감각인식이 일어난다. 물론 아직까지는 대상이 누구인지 모른다. 따라서 시각인식 자체를 대상으로 하는 마음인식이 일어나는데, 이것은 감각기관에서의 인식과정에서 인지된 대상을 마음인식을 위해 재생하는 역할을 한다. 그런 다음에 그 대상을 전체적으로 파악하는 과정이 뒤따르고, 그 다음에는 색깔을 주시하는 과정이, 그 다음에는 형태를 파악하

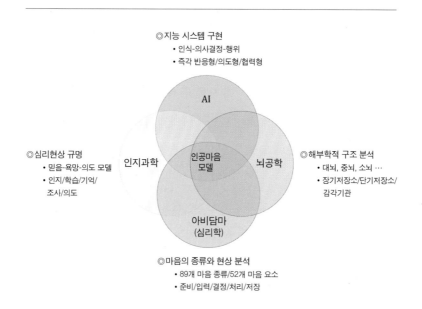

인공마음 연구를 위해서는 다학제간의 융합적 접근이 필요하다.

는 과정이, 다음에는 형태를 결정하는 과정이, 그 다음에는 이름을 파악하는 과정이, 다음에는 이름을 결정하는 과정이 따른다. 즉 뇌에 저장되어 있는 정보의 검색을 통해 최종적으로 "진짜 오드리 헵번이다!"라는 앎이 머릿속에 생기게 된다. 이 이후부터 본격적으로

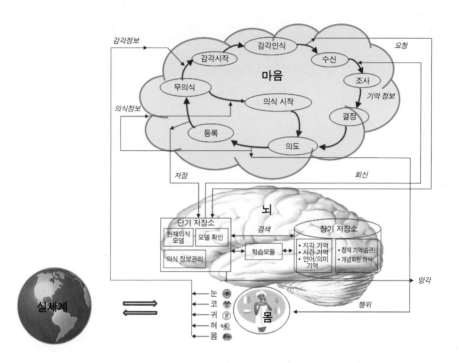

필자가 제안하는 인공마음 모델: 인공지능 · 뇌공학 · 인지과학 · 아비담마 융합 접근. 먼저 인간(지능시스템)은 대상(실세계)과 상호작용한다. 인간은 몸과 마음으로 나뉜다. 몸에는 뇌와 각종 감각기관 그리고 운동기관이 있다. 마음에는 80여 가지의 세부적 마음들이 있고 감각시작, 감각인식, 수신, 조사, 결정, 의도, 등록, 무의식, 의식시작 등 일련의 과정을 통해 마음을 일으킨다. 물론 마음은 대상과 주체가 마주친 것을 조건으로 발생한다.

전개될 사유의 확산은 앞의 경우와 마찬가지로 장기 저장소에 보관된 업(경향성)에 따라 좌우될 것이다.

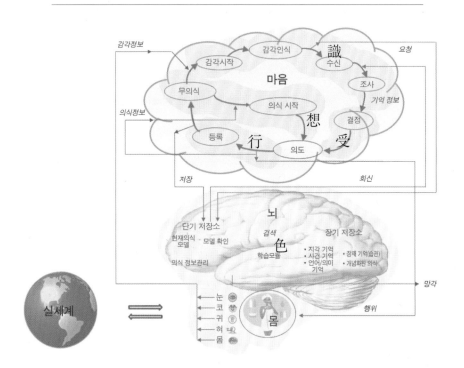

불교인식론에서 '나'(인공지능시스템)의 구성체로 일컫는 오온(色受想行識). 여기서 色은 몸을 나타내며 나머지 受, 想, 行, 識은 마음(정신작용)을 나타낸다. 즉 受는 느낌을, 想은 생각을, 行은 의지작용을, 識은 인식작용을 말한다. 이는 앞서 제시한 마음의 기능들에 대한 사전적 정의와 일치함을 알 수 있다.

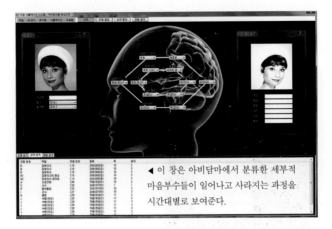

◀ 이 창은 아비담마에서 분류한 세부적 마음부수들이 일어나고 사라지는 과정을 시간대별로 보여준다.

초보적인 단계지만, 연구 중인 인공마음 시스템의 화면으로 앞의 팝업창은 대상을, 뒤의 팝업창은 인식 중인 호모모픽 모델을 뜻한다.

(1) 부분인식1 (2) 부분인식2 (3) 부분인식3 (4) 부분인식5

(5) 통합인식 (6) 색상인식 (7) 형태인식 (8) 명칭인식

무의식 상태의 마음이 대상을 인식하는 과정: (1)-(4)까지는 부분적 영역들이 인식되는 과정이다. (5)에서 전체 이미지가 통합되며, (6)과 (7)의 과정을 통해 색상과 형태가 파악된다. (8)에서는 저장소의 도움을 빌려 대상의 명칭이 확정된다.

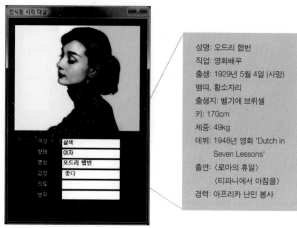

성명: 오드리 햅번
직업: 영화배우
출생: 1929년 5월 4일 (사망)
뱀띠, 황소자리
출생지: 벨기에 브뤼셀
키: 170cm
체중: 49kg
데뷔: 1948년 영화 'Dutch in
   Seven Lessons'
출연: 〈로마의 휴일〉
   〈티파니에서 아침을〉
경력: 아프리카 난민 봉사

(9) 인식의 확산 (왜곡)

　일단 이름자가 부여된 대상은 장기 저장소에서 검색된다. 확인된 모
든 관련 정보들은 단번에 임시 저장소로 복사된 뒤, 생각에 생각을 거
듭하며 대상을 세밀히 파악해 나간다.

---

⑥왜 연구해야 하나?

　"신이 인간의 뇌를 만들었나? 아니면 인간의 뇌가 신을 만들었나?"

　최근 KBS TV 다큐 파노라마 '신의 뇌'에서 던진 화두이다. 모 일
간지 과학칼럼에서 어느 뇌공학자는 이렇게 말한다.

　"세상은 뇌가 보는 것이 아니다. 뇌가 아는 것을 본 것이 세상이다."

우리는 왜 인공마음을 연구해야 할까? 두 가지 측면이 있을 것이다. 과학적 측면과 공학적 측면이 그것이다. 먼저 과학적으로는 '인간이란 무엇인가? 세상이란 무엇인가?' 하는 근원적 질문에 대한 실마리를 찾기 위함일 것이다. 인공마음 연구를 통해 마음이란 단지 뇌와 연계되어 대상과 접촉의 법칙에 따라 발생되는 개념체에 불과하다는 사실을 객관적으로 입증할 수 있을 것이다. 또 다른 측면으로는 마음의 의지작용이 사람을 얼마나 착하게 만들고 때로는 얼마나 악하게 만드는지에 대한 실험도 가능할 것이다. 자유의지와 연계된 인과의 법칙을 시뮬레이션을 통해 재연해 낼 수도 있을 것이다. 또한 마음의 실체 없음이라는 진리를 밝히는 일이 결코 허무주의자를 양산하는 것이 아닌 진정한 행복을 가져다주는 지름길임을 입증해 보일 수 있을 것이다. 한편 공학적 이유로는 마음의 원리를 이용하여 따뜻한 마음을 갖는 인공지능이나 지혜시스템을 만들 수 있을 것이다. 그리고 이를 통해 궁극적으로는 우리들 삶을 이익 되게 하는 데 유용하게 쓰일 수 있을 것이다. 그것이 진짜 인류에 도움이 될지 아닐지, 그리고 그러한 연구가 혹 신에 대한 무모한 도전은 아닐지에 대한 우려는 전적으로 우리들 스스로의 몫일 것이다. 성철 스님이 제자들을 채근할 때 쓰는 단골 메뉴인 '달을 가리키는 손가락' 대목으로 마무리한다.

"지발 손가락 갖고 씨부려 쌌지 말고, 인자 진짜 달을 보란 말이다! 이 문둥이 자슥들아!"

필자가 소망하는 달은 '우리 모두의 행복'이다. 독자 여러분의 달은 무엇인가?

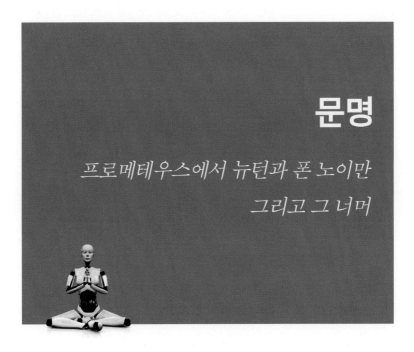

문명

프로메테우스에서 뉴턴과 폰 노이만
그리고 그 너머

"신은 죽었다!"

니체가 선언하자, 신이 곧바로 대꾸한다.

"니체, 너도 죽었어!"

이윽고 낙서를 지우던 화장실 청소아줌마가 한마디 한다.

"니들 둘 다 죽는다!"

누가 죽어야 할까? 누가 옳은가? 누가 더 진리에 가까울까? 이 글의 마무리에 소개된 '팔불중도'와 함께 깊이 사유해 보기 바란다. 우리 인류는 끝없이 진리를 탐구해 오면서 문명을 발전시키고, 더불어 정신적 성장을 거듭하여 왔다. 이러한 변화의 과정을 되새겨보면서 현실을 직시한다면 바람직한 미래를 위한, 즉 보다 진리에 부합된 무엇인가를 만들 수 있을 것이다.

그리스신화에는 인간을 너무나 사랑한 나머지 금기된 불을 훔쳐 인간에게 넘겨줌으로써 인간의 문명을 촉발시킨 프로메테우스에 대한 이야기가 등장한다. 이것을 계기로 제우스신의 노여움을 사 외딴 바닷가 암벽에 결박되어 독수리에게 끊임없이 간을 파먹히는 형벌을 받지만, 우리 인류에게는 희망의 등불과 같은 존재가 되었다. 그런데 프로메테우스라는 이름의 뜻은 '사전에 생각하는 자'라고 한다. 우리는 이미 모델링이라는 개념과 함께 시뮬레이션에 대해서도 살펴본 바 있다. 머릿속의 지식(모델)을 바탕으로 사전에 다양한 실험(생각)을 하는 것이 시뮬레이션이라고 말한 바 있다. 결국 프로메테우스란 시뮬레이션 하는 사람을 의미한다고도 볼 수 있다.

비록 신화 속의 이야기이기는 하지만, 시뮬레이션을 할 수 있는 인간의 깊은 통찰이 불과 씨앗을 통해 농경문화를 이룩함으로써 문명이 시작된 것은 분명해 보인다. 여담이지만 미래를 생각하는 자, 문명을 이끈 자의 말로가 왜 하필 고통스러운 형벌일까? 무엇을 함축하는 것일까? 깊은 사유가 필요해 보인다.

아무튼 이러한 농경문화의 정착을 미래학자 앨빈 토플러는 인류 역사상 최초의 변혁으로 파악하여 제1의 물결로 명명하였다. 이렇게 시작된 최초의 문명은 그리스를 비롯한 동서양의 현자들, 즉 소크라테스, 플라톤, 아리스토텔레스, 예수, 붓다, 노자, 공자 등에 의해 철학적, 학문적, 종교적 틀을 갖추게 된다. 그러나 두터웠던 중세의 신앙적 장막이 걷혀 과학적 발전의 획기적 전기를 맞이한 제

2의 물결이 시작되기까지는 무척이나 오랜 시간이 필요했다. 마침내 17세기 산업혁명은 시작됐고 그 중심에는 영국의 물리학자이자 천문학자이고 수학자였던 아이작 뉴턴이 있었다.

뉴턴은 아인슈타인과 함께 인류 역사상 가장 위대한 과학자로 평가받는다. 그는 사과가 나무에서 떨어지는 모습을 지켜보면서 마침내 물체 간에 서로 잡아당기는 힘이 있다는 것을 통찰하고, 그것을 바탕으로 '만유인력의 법칙'을 정리했다. 이를 통해 미적분 등 새로운 수학 법칙도 제시했다. 중세 신앙의 어둠 속에 숨겨져 있었던 자연의 법칙들이 그를 통해 하나씩 드러났으며, 이를 통해 산업혁명이 촉발되어 오늘날 과학적·철학적 발전에 초석이 되었다. 즉 그가 동역학적으로 세상을 바라본 이때부터 본격적인 문명 발전이 시작된 것이다. 그가 현대 과학의 아버지라 불릴 만한 이유이다.

그와 더불어 전개된 제2의 물결은 기관차, 자동차, 비행기 등 인류문명에 혁신적인 변화를 안겨 주었다. 믿음의 시대에서 과학의 시대, 기계의 시대로 전환된 이때부터 변화는 가속화되었다. 마침내 20세기초 컴퓨터의 개발과 함께 정보의 시대, 즉 제3의 물결이 밀려오게 된다. 아인슈타인과 쌍벽을 이뤘던 인류 최고의 천재 폰 노이만이 그 중심에 서 있었다.

필자는 아톰과 로봇태권V 세대다. 남자 주인공 똘이나 철이보다 로봇을 만든 강 박사나 김 박사가 되어 악당을 물리치고 지구를 구할 로봇을 만들고 싶어 했던 것은 그 당시 또래 아이들의 로망이었다. 그런데 우리들보다 한걸음 더 나아가 지구는 물론 우주 전체를 지배할 로봇을 만들겠다는 야심찬 꿈을 세우고 이를 구체적으로 추진해 나간 아이가 있었다. 그의 계획은 이러했다. 먼저 자기 복제 기능을 갖는 로봇을 만들어 별나라에 보내면, 그 로봇이 그곳에서 자기와 똑같은 로봇을 만들 수 있는 재료를 구하고 공장을 세워 복제 로봇을 생산해 낸다. 마지막으로 내장된 프로그램을 복사시켜 로봇을 완성한 뒤, 다른 별로 올려 보내 동일한 일을 반복적으로 수행하도록 함으로써, 마침내 우주 전체를 로봇의 지배하에 둔다는 것이다. 황당한 꿈을 꾸었던 그 소년은 자라서 결국 자기복제 시스템을 설계했고, 이를 위해 먼저 컴퓨터를 구현해 냈다. 그가 바로 컴퓨터의 아버지 폰 노이만이다.

니체가 죽은 지 3년 뒤에 태어난 그는 생물처럼 새끼를 낳는 기계, 즉 자기증식하는 기계의 실현 가능성에 대해 처음으로 제시했다. 생물학의 수학적 해석에도 관심이 많았던 그는 세포자동자(cellular automata) 이론을 통해 인공생명체와 복제의 가능성을 연구함으로써 생물학, 인공지능, 로봇공학에 지대한 영향을 끼쳤다. 머리가 너무 좋아 화성인 또는 악마의 두뇌라고까지 불리었던 그가 구상했던 수많은 아이디어들은 오늘날 각각 학문분야로까지 발전되고 있다. 게임이론, 사이버네틱스, 자기복제 시스템, 컴퓨터 구조, 시뮬레이션, 생명체 시스템 등이 모두 그가 창조해 낸 개념들이다.

흔히 세상을 바라보는 철학적·과학적·공학적 시각은 두 가지로 볼 수 있다. 하향식(Top-down)과 상향식(Bottom-up). 하향식 접근이란 말 그대로 위로부터 전체 시스템을 바라보면서 목적한 바에 따라 기능별로 또는 구성체별로 세분화시키면서 세상을 파악하고 설계하면서 만들어 나가는 방식을 말한다. 예를 들면 세상을 작은 부품들의 결합으로 파악하려는 방식이다. 제2의 물결과 제3의 물결인 산업혁명과 정보혁명의 기본적 패러다임은 하향식에 해당된다. 즉 기관차, 자동차, 배, 비행기, 텔레비전, 컴퓨터 등에 이르기까지 기계 및 전자제품들은 모두 생명체적 개념과는 거리가 먼 기능 중심의 하향식 방법에 의한 것이다.

한편 하향식 접근이 갖는 고정된 기계적 한계점, 즉 스스로 새로운 것을 만들어 내거나, 환경의 변화에 수시로 적응하는 등 생명력을 갖는 유기체적 생동감의 결핍 현상이 상향식 접근을 낳는 계기가 되었다. 상향식 접근이란 단순한 행동을 보이는 개체 시스템이 집단적으로 상호작용함으로써 전체적인 모습 — 또는 목적 — 이 드러나는, 즉 창발적인 방식을 말한다. 이러한 획기적인 개념, 즉 살아 움직이는 생명체적 기계를 꿈 꾼 이가 바로 폰 노이만이었다. 이를 실현하기 위해 고안된 도구, 즉 컴퓨터는 비록 하향식 접근에 의한 것이지만, 그가 궁극적으로 추구했던 기계는 생명체적 기계였던 것이다. 결국 그의 꿈은 그가 아닌 그의 실질적 수제자인 홀랜드에 의해 하나씩 실현되기 시작한다.

하향식 방식은 고대 및 중세를 아우르는 존재 중심적 또는 신학적 관점의 기계론적 방식을 일컫는다. 반면 상향식 방식은 근현대에 시작된 관계 중심적, 유지체적 관점의 생물론적 방식을 말한다. 참고로 하향식 및 상향식의 대립적 개념을 조금 확장해 보면 객관과 주관, 존재론과 인식론, 질서와 무질서, 아폴론적인 것과 디오니소스적인 것, 골드문트와 나르시스, 기계론과 유기체론 등의 대립

문명

질서정연한 하향식 합창단 구성

관계에 상응한다고 볼 수 있다.

합창단을 구성하는 예를 한번 들어 보자. 하향식의 경우에는 합창단의 조직을 위해 미리 계획 된 바, 테너, 알토, 소프라노, 베이스 등에 대한 최적의 인원 비율과 남녀 비율까지 고려하여 자격을 갖춘 사람들을 모집한 뒤 합창단을 운영할 것이다. 다분히 상식적이고 합리적인 접근이 아닐 수 없다. 물론 각 개인은 전체를 위한 일부로서 기계의 톱니바퀴처럼 협력해야 한다. 반면 상향식 방식은 다소 엉뚱해 보인다. 먼저 합창단에서 일하고 싶은 사람들을 모두 모은다. 그리고 합창을 시킨다. 각자의 개성을 살려 마음껏 부르도록 한다. 처음에는 하모니가 엉망일 것이다. 몇몇 사람은 그럼에도 불구하고 계속 제멋대로 불러댈 것이다. 몇몇 사람은 스스로 전체의 하모니를 위해 자기 음성을 조율할 것이다. 몇몇 사람은 불만족스럽든지 아니면 자포자기하든지 합창단을 그만둘 수도 있을 것이다. 이런 과정을 통해 단원들은 개성껏 그러나 전체의 조화 또한 고려하여 점점 진보되는 모습을 보여줄 수도 있을 것이다. 이것이 상

무질서해 보이는 상향식 합창단 구성(출처: 김제문화예술회관)

향식 방식이다. 개성을 존중하되, 전체적인 하모니도 염두에 두는 방식으로 진화를 거듭하여 뭔가 창조적인 지점까지 도달하기를 희망하는… 물론 반드시 성공하리라는 보장은 없다. 하향식과 상향식 그 어느 방식도 좋다 나쁘다 할 수는 없다. 마치 인간에게 이성과 감성 모두가 필요하듯, 인공지능에 있어서도 하향식과 상향식 간의 안배와 조율이 중요해 보인다.

다시 폰노이만의 제자인 홀랜드 얘기를 계속해 보자. 홀랜드는 폰 노이만이 꿈 꿨던 수많은 아이디어를 물려받은 실질적 1세대 제자이다. 폰 노이만이 제안한 생명체적 시스템에 대한 연구를 통해 그는 세계 최초로 컴퓨터과학 1호 박사학위를 수여받는다. 물론 폰 노이만을 모셔오고 연구비를 유치하여 홀랜드와 연결시키는 등산파 역할을 한 미시간대학의 아더 벅스 교수의 노력을 간과할 수는 없지만, 홀랜드 교수는 명실공히 폰 노이만의 후계자로서 생명체적 시스템 학파 — 일명 미시간 학파 또는 상향식 인공지능 — 의 창

문명

시자가 된다. 이를 기화로 복잡적응 시스템(CAS: Complex Adaptive System), 유전 알고리즘, 인공생명, 진화프로그래밍 등 수많은 연구들이 활발히 전개된다. 그를 정점으로 하는 상향식 인공지능 학파의 박사 가계도—필자도 포함되어 있지만, 실제로 박사급 족보가 그의 70회 생신을 기념하여 발간된 바 있다—를 보면, 3-4세대에 걸쳐 전 세계에 수백여 명의 저명 학자들로 구성되어 있음을 알 수 있다. 컴퓨터시뮬레이션 창시자 지글러 교수는 물론, 인공생명을 창설한 산타페연구소의 크리스 랭턴, 유전알고리즘의 개척자인 미시간대학의 골드버그, 유전프로그래밍의 대가인 스탠포드대학의 코자 등등 현존하는 생명체적 인공지능의 대가들이 모두 폰 노이만 할아버지, 그리고 홀랜드 아버지 가문의 후손이다.

홀랜드의 제자, 즉 폰 노이만의 2세대 제자인 지글러 교수는 폰 노이만이 연구했던 세포자동자 이론을 토대로 폰 노이만이 제창했던 컴퓨터 시뮬레이션 이론을 완성하였다. 무덤 속에 있을 폰 노이만이 손자뻘 학자의 연구 결과에 꽤나 흐뭇해했을 것이다. 일흔 살이 훌쩍 넘은 지글러는 아리조나대학과 조지메이슨대학 교수로서 아직까지도 왕성한 연구 활동을 보이고 있다. 참고로 뉴턴부터 폰 노이만, 홀랜드, 그리고 지글러에 이르기까지, 태어난 국가는 달라도 모두가 유태인이라는 점이 흥미롭다.

유태인이 아닌 순수 토종 한국인인 필자는 지글러 교수의 제자로서, 폰 노이만의 3세대 제자에 해당된다. 필자는 지글러 교수의 시뮬레이션 이론과 홀랜드 교수의 창발적 이론을 통합한 다양한 인공지능에 관한 연구들에 주력하고 있다. 특히 본서를 통해 여러 가지로 강조해 온 이성과 감성을 포함하여 마음을 갖는 인공지능의 설계를 위해 불교인식론과의 통합 연구에 많은 관심을 갖고 있다. 무덤 속의 폰 노이만이나 연로하신 홀랜드 할아버지, 그리고 지글러 아빠가 불교인식론을 도입한 필자의 연구를 어떻게 여길지 기대 반, 걱정 반이다. 물론 철학적 과학적 발전 과정을 살펴보건대, 이성과 감성, 그리고 그 너머의 지혜를 포괄하는 마음에 대한 연구는 필연적일 것이다.

이와 관련하여 향후 전개될 인공지능의 발전 추세를 가늠해 보기 위해, 미래학자 토플러와 더불어 초인적 철학자 니체를 비롯한 불교 수행적 관점에서의 문명 및 정신 발전 단계를 종합적으로 정리해 보겠다.

먼저 토플러가 밝힌 인류의 혁명적 발전사를 따라 다시 한번 요약해 보자. 먼저 제1의 물결은 불과 씨앗의 활용을 통해 시작된 농경시대의 정착이다. 제2의 물결은 뉴턴을 기화로, 신앙적 중세 암흑시대의 종말과 함께 시작된 산업혁명의 시대이다. 과학적 공학적 발전의 혁명적 전환기이다. 제3의 물결은 폰 노이만의 컴퓨터를 필두로 시작된 정보혁명의 시대이다. 이미 우리는 거센 물결의 한복판을 지나 끝자락에 서 있는 느낌이다. 최근 토플러는 제4의 물결이라 할 새로운 변화의 모습을 예견하고 있다. 그는 무한정성無限定性에 관한 혁명적 변화를 예고하며, 이를 통해 자본, 즉 부의 미래를 말하고 있다. 그가 주장하는 무한정성의 시대란 상향식, 즉 유기체적 접근의 도래를 의미한다고 볼 수 있다. 그가 말하는 무한정성이란 시간, 공간, 지식 등 세 가지 심층기반의 변화를 일컫는다.

즉 제3의 물결에서 하향식으로 세워졌던 지식정보들은 시공간적으로 변한다는 것이다. 즉 모든 것이 변해 간다는 것이 핵심이다. 따라서 이러한 시공간적 변화를 감지하고 대응하는 기술이 미래의 부를 좌우한다는 것이다. 요즘 각광받는 빅데이터 개념이 바로 그 기술 중의 하나이다. 즉 넘쳐나지만 시대에 뒤떨어진 지식들, 즉 시공간적 변화 추세를 따르지 못하는 쓰레기 지식, 일명 압솔로지(Absoledge: absolete + knowledge)에 대한 해결책 중 하나일 것이다. 제3의 물결에서 제4의 물결로 넘어가는 핵심 개념이 바로 한정성(하향식)에서 무한정성(상향식)이라고 내다 본 토플러의 통찰이 예리해 보인다.

컴퓨터와 IT분야에서 핵심적으로 다루는 정보는 추상화 수준에 따라 데이터, 정보, 지식, 지혜 등 네 단계로 분류된다. 그림에서 점으로 나타난 데이터들이 모이면 정보가 된다. 예를 들어 '개구리'라는 데이터와 '운다'라는 데이터가 연결되면 '개구리가 운다'라는 하나의 정보가 된다. 만약 '개구리가 운다'라는 정보와 '비가 온다'라는 또 다른 정보가 결합되면, '만약 개구리가 운다면, 비가 올 것이다'라는 하나의 지식이 생성될 수 있다. 이러한 지식들의 결합을 통해 보다 높은 차원의 지식, 예를 들면 '습도가 높아지면, 양서류의 움직임이 활발해진다' 등의 상위 지식을 얻을 수 있고, 나아가 궁극적 지식, 즉 '모든 것은 변한다. 변화의 원인이 있으므로 변화의 결과가 있다'는 등의 지혜의 단계까지도 도출될 수 있을 것이다.

본격적인 과학의 시대가 열린 제2의 물결로부터 수많은 데이터가 생성되었고, 이들은 과학적 발전의 원동력이 되었음은 물론이

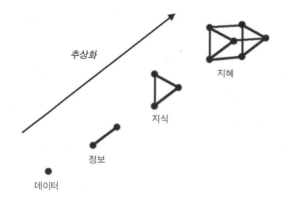

정보 스펙트럼: 데이터가 연결되어 정보가 되고, 정보가 결합되어
지식이 되며, 지식으로부터 지혜가 추출된다.

다. 제3의 물결, 즉 정보혁명의 시대에는 데이터와 데이터가 연결
됨으로써 수많은 정보가 쏟아져 나왔다. 정보가 곧 권력이 되는 시
대가 된 것이다. 이제 제4의 물결이 시나브로 우리 곁을 찾아오고
있다. 대량으로 쏟아내는 단순한 정보들은 이제 가치가 없어졌다.
지식의 시대가 열린 것이다. 더 나아가 미래의 모습, 아마도 제5의
물결이 밀어 닥칠 시기에는 틀림없이 지혜의 시대가 열리리라는
것은 충분히 짐작이 가는 바이다.

　이번에는 독일의 천재 철학자 니체가『차라투스트라는 이렇게
말했다』에서 제시한 인간 정신의 성숙 단계의 세 가지 비유를 통해
토플러의 문명발전의 단계들과 비교해 보자. 그는 인간의 정신이
낙타, 사자, 그리고 아이의 순서대로 성숙해 왔다고 여겼다. 먼저
낙타는 의무, 금욕, 도덕 등 억압적, 그리고 맹목적 순종을 의미한

다. 니체는 우리들이 신을 죽이기 전까지, 즉 중세까지의 신앙적 시대를 살아온 우리들 정신의 모습을 순종적인 낙타에 비유하고 있는 것이다. 제2의 물결 이전의 상태를 낙타의 단계로 보는 것이다. 다음 비유는 사자로서, 저항과 부정, 용맹, 힘, 자유, 고독 등을 상징하는데, 산업혁명부터 정보혁명에 이르는 오늘날까지 불어 닥치고 있는 과학문명의 거센 소용돌이를 의미하는 듯하다. 즉 제2의 물결과 제3의 물결까지의 폭발적 변혁을 니체는 밀림의 폭군 사자로 비유한 듯하다. 니체는 이러한 시대가 종말을 고하게 되면 보다 성숙된 정신적 단계인 아이의 상태로 갈 수 있으리라 여겼다. 즉 천진난만하고 거룩한 긍정의 힘, 자신의 세계를 찾아 새로운 창조를 해내는 능력을 갖는 궁극적인 초인의 단계를 아이로 비유한 것이다. 제4의 물결에 해당되는 무한정성에 눈을 뜬 인류의 정신세계를 니체는 아이에 비유한 것으로 보인다.

제3의 물결이 시작되기 이전에 살았던 19세기 철학자 니체는 어느 날 스위스의 호숫가를 산책하다가 문득 깨달음을 얻는다. 순수한 자각 상태, 즉 자아는 사라지고 모두가 하나된 정신적 고양 상태를 체험하게 된다. 그 후 그는 그러한 정신적 상태를 우리 모두가 지향해야 할 궁극적 단계로 보았는지 모른다. 그래서 스스로를 유럽의 붓다라고 여겼을 것이다. 어찌되었건 토플러의 문명발전 단계와 니체의 정신적 성숙 단계는 상당 부분 일맥상통해 보인다.

그러나 필자의 소견으로는 니체는 무늬만 불교이다. 그가 궁극의 경지로 삼은 아이의 단계는 붓다 이전 시대에 궁극적 진리로 여겼던 아트만(진아)으로 보인다. 즉 그는 자신이 체험한 삼매─순수하

인간에게 문명의 씨앗인 불을 건네준 대가로 독수리에게 간을 파먹히는 형벌을 받는 프로메테우스. 제1의 물결인 농업혁명의 주역. 구스타프 모로 作, 1800년대.

아이작 뉴턴: 과학의 아버지. 제2의 물결인 산업혁명의 주역.

폰 노이만: 아인쉬타인을 능가하는 역사상 최고의 천재 과학자. 제3의 물결인 정보혁명의 주역.

버나드 지글러: 폰 노이만의 2세대 제자. 현 아리조나대학 및 조지메이슨대학 교수. 컴퓨터 시뮬레이션 개척자. 제4의 혁명인 시간의 무한정성에 기여.

존 홀랜드: 폰 노이만의 1세대 제자. 컴퓨터과학 최초 박사. 현 미시간대 컴퓨터공학과 및 심리학과 교수. Bottom-up AI의 개척자.

지승도: 폰 노이만의 3세대 제자. 현 한국항공대학교 교수. 기호적 시뮬레이션 개척자. 자율적 지능시스템 및 인공마음 시스템 연구자.

콧수염을 멋지게 기른 니체
는 인간의 정신 성장 과정을
낙타와 사자, 그리고 아이에
비유했다. 베르너 호바트 作,
2005년.

고 고양된 정신상태 — 의 경지를 궁극으로 착각한 것이다. 평생을 병
마의 고통에 시달려왔던 니체로서는 그러한 고통마저 극복하는 초
월적 상태를 당연히 최고의 가치로 여겼을 것이다. 그러나 그는 정
작 '괴물과 싸우는 자는 스스로 괴물이 되지 않도록 주의해야 한
다'고 한 자신의 말을 잊은 듯하다. 삼매 또한 하나의 특정한 마음
상태일 뿐이기 때문이다. 그래서 붓다는 그것이 궁극의 경지가 아
니라고 선언한다. 그는 궁극의 경지가 별도로 존재하는 것이어서
깨달은 이라면 누구나 그 경지에 이르게 된다는 것이 모두 착각임
을 밝혀냈을 뿐이다. 따라서 아트만(진아)이 아닌 아나트만(무아)
을 설했던 것이다. 어쨌든, 필자의 소견으로 니체의 아이 단계는 한
단계 더 나아가 어른(?)의 단계까지 이르러야 궁극이라고 말할 수
있지 않을까 여겨진다.

이제 마지막으로 불교 수행적 관점에서의 발전 단계를 살펴보자. 불가에서 전해 오는 이야기 중에 진리탐구의 과정을 소 길들이기에 비유한 심우도(십우도)가 있다. 전국 사찰 어느 곳에서나 대웅전 벽화로 흔하게 볼 수 있는 그림이다. 이 이야기를 통해 과학적 발견 및 발전 단계를 다시 한번 짚어보자.

① 심우尋牛 단계는 아이가 잃어버린 소(진리)를 찾아야겠다고 굳은 결심을 하고 집을 나서는 단계이다. 생각하고 머리 쓰는 일이 시작된 것이다. 그러나 뜻이 있는 곳에 길이 있다고, 알기를 원하는 것! 바로 그것이 인간의 본성이라고 아리스토텔레스는 강조한 바 있다. 세상의 참모습을 알려는 의지는 우리가 세상에 태어난 이유와도 다르지 않을 듯하다. 시작이 반이라고도 한다. 일단 동기가 세워졌으면 하루빨리 결단을 내리는 것이 중요해 보인다.

② 견족見足 단계는 소의 발자취를 발견하는 단계이다. 이제 진리를 탐구할 가능성이 열린 것이다. 아마 불과 씨앗을 활용하면서 정착된 농경문화를 이루게 된 제1의 물결이 여기에 해당된다고 볼 수 있겠다. 이때부터 철학적·종교적·학문적 사유체계가 하나씩 갖춰져 간다. 니체의 관점으로 보면 인간 정신 발달의 첫 단계인 신에 대한 순종을 통한 문명발전의 시작을 알리는 단계, 즉 낙타의 단계라 할 것이다.

③ 견우見牛 단계는 발자취를 쫓던 끝에 소를 직접 목격하는 단계이다. 뉴턴이 떨어지는 사과를 직접 목격하였듯… 따라서 산업혁명을 통해 본격적인 과학문명의 시대를 시작하는 제2의 물결이 시

① 심우: 잃어버린 소를 찾기로 결심하다　② 견족: 소의 발자취를 보다　③ 견우: 드디

작되는 단계로 보인다. 니체가 제시한 정신 발달 과정의 비유에서 보면 사자의 단계로 들어간 것이다. 과거 낙타시절의 맹목적인 순종에서 벗어나 과학적 진리를 근거로 스스로에 의지하는 단계가 비로소 시작된 것이다.

④득우得牛 단계는 마침내 소를 붙잡아 고삐를 물리는 단계이다. 이제 진리를 손에 움켜 쥔 만큼, 미래가 기대되는 단계이다. 기관차, 기관선, 자동차, 비행기, TV 등 수많은 기계문명이 꽃을 피웠다. 비록 소를 붙들어 매기는 했지만 야생에 길들여진 소는 여전히 거칠게 저항한다.

⑤목우牧牛 단계는 아직 야생성이 강한 소를 온순해질 때까지 시

⑥기우귀가: 소를 타고 귀가하다　⑦망우존인: 소는 없고 사람만 있다　⑧인우구망

를 보다   ④득우: 마침내 소를 잡다   ⑤목우: 소를 길들이다

간이 걸리기는 하지만 조금씩 길들이는 단계이다. 이를 통해 우리는 소에 대해 많은 것들을 알게 되고, 비교적 자유롭게 다룰 수 있게 된다. 즉 정보를 이해하고 다루기 시작한 것이다.

⑥기우귀가騎牛歸家 단계는 완전히 길들여진 소를 타고 자유자재하게 금의환향하는 단계이다. 과학적 진리를 비교적 자유롭게 다룰 줄 아는 단계로 정보의 보편화 시대가 열린 제3의 물결이 여기쯤 해당된다고 보겠다. 존재론적 관점으로 만물들의 객관적이고 정형화된 모습을 토대로, 목적한 바 세밀한 단계까지 하향식으로 시스템을 만들어 나갈 수 있는 과학적 역량이 성숙된 단계이다. 그러나 여전히 지혜에는 어두워서 원초적인 '산은 산, 물은 물'인 상

모두 없다   ⑨반본환원: 있는 그대로이다   ⑩입전수수: 세상에 나오다

태이다.

⑦ **망우존인**忘牛存人 단계는 소는 없고 소 치는 사람만 남아 있는 단계이다. 즉 대상(객관세계)은 없고 바라보는 주체(주관)만 있는 단계이다. 존재론적·객관적 시각에서 인식론적·주관적 시각으로의 변화가 진행되는 단계이다. 니체의 정신 발달 단계로 보면 여기까지가 마지막 단계인 아이로서의 단계, 즉 니체가 궁극적으로 여겼던 초인적 단계가 아닐까 판단된다. 실제 심우도에서도 여기까지만 아이의 모습이 그려지고 있다. 이 이후의 단계, 즉 어른의 모습으로 그려지는 공空의 단계와 공색여여空色如如의 단계까지 니체는 파악하지 못했던 듯하다. 그래서 정신 발달 과정을 아이까지만 그렸는지 모르겠다.

⑧ **인우구망**人牛俱忘 단계는 소도 없고 소 치는 사람도 없는 공空의 단계이다. 객관과 주관 모두가 실체적이지 않은 본질적 세계를 파악하는 단계이다. 토플러의 입장에서는 무한정성이 강조되는 제4의 물결에 해당된다고 볼 수 있다. 실체적이라기보다는 인과적 관계성에 의한 시공간적 움직임, 즉 상향식 관점에서의 진리를 얻는 단계인 것이다. 따라서 이 단계에서는 더 이상 산은 산이 아니요, 물은 물이 아닌 것이다.

⑨ **반본환원**反本還源 단계에서는 보이는 진리와 보이지 않는 진리, 즉 존재론과 인식론, 하향식과 상향식, 색과 공, 질서와 무질서, 아폴론적인 것과 디오니소스적인 것 등 양립하는 상대적 개념들이 융합되고 조화되어 본래의 참 모습을 되찾는 단계이다. 아마 앞으로 다가올 제5의 물결은 이러한 중도의 시대가 되지 않을까? 이 단

계쯤은 되어야 우리들은 지식 너머의 지식, 즉 지혜에 대해 말할 수 있을 것이다. 즉 산은 산이요 물은 물임을 온전히 터득하게 되는 것이다.

⑩ 입전수수入廛垂手 단계는 터득한 본질적 지혜, 공과 색이 어우러진 지혜를 자유롭게 활용하는 단계이다. 진리가, 그리고 과학이 비로소 자연과 더불어 인류를 이익 되게 하는 윈윈의 단계가 될 것이다. 진리가 우리들을 진정 자유롭게 만드는 단계인 것이다. 아이는 어느덧 자라나 어른이 되어, 저잣거리를 어슬렁대며 태평가를 부른다.

토플러 문명발전 단계	정보 표현 단계	주요 인물	시스템 단계	니체 정신 성숙 단계	심우도 진리탐구 단계	불교 수행 단계
제1의 물결 (농업혁명)	데이터	프로메테우스	Pre-defined (사전정의된)	낙타	심우 견족	색 (산은 산 물은 물)
제2의 물결 (산업혁명)		아이작 뉴턴	Top-down (기계론)	사자	견우 득우	
제3의 물결 (정보혁명)	정보	폰 노이만			목우 기우귀가	
제4의 물결 (무한정성)	지식	홀랜드	Bottom-up (유기체론)	아이	망우존인 인우구망	공 (산은 산 아님 물은 물 아님)
제5의 물결 (마음?)	지혜?	독자 여러분?	Middle-out (중도?)	어른?	반본환원 입전수수	공색여여 (산은 산 물은 물)

인류의 문명 발전 과정, 정신적 성숙 과정, 그리고 진리탐구의 여정

이제까지 문명과 과학, 그리고 정신의 발전 단계들과 상호 연관성에 대해 살펴보았다. 비록 필자의 주관적인 견해이지만 표에 종합적으로 정리한 바, 오늘날 우리들은 제4의 물결이 밀려옴을 온몸으로 체감하고 있다. 수많은 변화와 진화의 속도가 너무나 빠르기에 오히려 혼란스럽다. 그러나 이러한 혼동 속에 새로운 창조, 새로운 질서, 즉 궁극의 지혜가 도사리고 있다는 점을 간과해서는 안 될 것이다. 어둠이 깊을수록, 새벽이 가깝듯이…

너무 지나치지도 않고 너무 모자라지도 않는 ─ 중도中道 ─ 바로 그 길에 지혜시스템으로 가는 비밀이 있는 것은 아닐지, 불교학자 나가르주나가 쓴 『중론』에 나오는 존재의 실상에 대해 정리한 '팔불중도八不中道'로 마무리한다.

불생불멸不生不滅

부단불상不斷不常

불일불이不一不異

불거불래不去不來

자율시스템

혼자서도 잘해요

님은 갔습니다.

아아~ 사랑하는 나의 님은 갔습니다.

......

우리는 만날 때에 떠날 것을

염려하는 것과 같이,

떠날 때에 다시 만날 것을 믿습니다.

아아, 님은 갔지마는

나는 님을 보내지 아니 하였습니다.

제 곡조를 못이기는

사랑의 노래는 님의 침묵을 휩싸고 돕니다.

우리나라 역사상 초유의 비극인 세월호 침몰사고가 발생된 지 벌써 한 해가 흘렀다. 한용운의 「님의 침묵」을 빌려 다시 한번 고인들의 명복을 빈다. 이미 수많은 보도에서 밝힌 바, 최악의 인재다. 새삼 거론하는 것조차 괴롭지만, 사고와 직접적으로 간여되는 몇 가지만 집어 보자. 먼저 출항 시에는 안전점검이 부실했고, 사고 시에는 판단 미숙이 결정적이었으며, 사고 후에도 갈팡질팡 부처 간의 불협화음이 문제였다. 전문가는 없고 얼치기들만 있었다. 이럴 때 인공지능이나 전문가시스템은 고사하고 간단한 자동시스템이라도 하나 있었으면 얼마나 좋았을까? 무게초과나 흘수위치 확인이나 배의 기울기에 따른 경고나 위험시 자동 SOS 요청 등 비정상적인 상황에서도 신속하게 인간을 지원할 수 있는 자동화 장치만 있었더라면 헛된 희생을 최소화할 수 있지 않았을까? 그 정도의 시스템이라면 현재의 기술력으로도 충분히 개발이 가능하기 때문에 더 안타깝다. 아마도 부분적으로는 이미 설치되었을지도 모른다. 추측컨대 무슨 이유인지 사용하려는 의지가 없었을 뿐… 아무튼 인간의 실수에서 비롯된 치명적 재앙을 보여준 최악의 사건임에는 틀림없다.

한편, 세월호 참사 직전 대한민국을 떠들썩하게 했던 또 하나의 커다란 사건이 있었다. 무인기추락 사고다. 정부 발표에 따르면 증거는 불충분하나 북한의 소행으로 추정된다고 한다. 진실은 모르겠으나, 이러한 무인 자율시스템이 청와대 상공을 아무런 방해도 없이 수차례나 선회하며 수백 장의 사진을 찍었다는 사실만으로도 사회적 충격이 컸다. 안보에 허점이 드러난 심각한 사태라며 매스

컴은 연일 목청을 높였다. 만일 폭탄이라도 싣고 자살폭격이라도 감행하였다면 어찌 되었겠는가 하며 새삼 무인기에 대한 관심도 뜨거웠다. 다행히 발견된 무인기는 성능이 그리 뛰어나 보이지 않는다. 사전에 프로그램된 경로를 따라 목표지점에 가서 사진 찍는 임무를 수행한 뒤, 다시 프로그램된 경로를 따라 귀환하는 낮은 수준의 무인기로 추측된다. — 뒤에 설명되지만, 이 경우 ALFUS(자율화수준)에 따라 보면 레벨 1로 보인다. — 아무튼 인간의 개입 없이 혼자서도 움직일 수 있는 자율시스템의 치명적 위험 가능성을 보여준 경고임에 틀림없다.

　세월호 사고에서는 자율시스템이 없기 때문에 — 또는 고의로 사용하지 않아서 — 문제가 커졌다. 반대로 무인기 추락 사고에서는 자율시스템이 있기 때문에 문제가 되었다. 양날의 검과 같은 자율시스템의 양면성이 잘 드러난 사건들이다.

①자율시스템이란?
autonomy라는 말은 그리스어 autonomos에서 유래된 것으로 auto(스스로)와 nomos(법칙)가 합성된 용어다. 즉 '스스로의 법칙을 갖는 것'으로 정의될 수 있다. 엔도모피즘이 곧 자율시스템의 원리임을 눈치채셨을 것이다. 자율성이라는 용어는 초기에 주로 도덕이나 정치 등에서 사용되었다. 이 용어가 인공지능에서 사용되기 시작한 것은 우주개척 바람이 불던 1980대 후반쯤으로, 인간 대신 우주선에 탑승할 지능시스템의 필요성에 따라 NASA에서 재정립하면서부터이다.

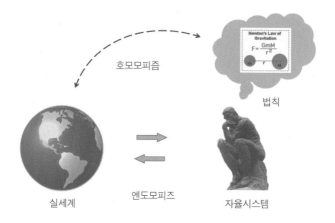

호모모피즘

법칙

실세계   엔도모피즈   자율시스템

자율성의 정의는 '스스로의 법칙을 가지는 것'이다. 엔도모피즘의 정의 또한 내 안에 실세계의 법칙(호모모픽 모델)을 갖는 것이다. 따라서 자율성이 곧 엔도모피즘이다.

초기 단계에 설정된 자율시스템의 규칙은 다음의 네 가지이다.

규칙1: 환경으로부터 정보를 수집할 수 있어야 한다.
규칙2: 인간의 간섭 없이 장시간 동안 작업할 수 있어야 한다.
규칙3: 인간의 도움 없이 스스로 이동할 수 있어야 한다.
규칙4: 사전에 지시된 명령이 없는 한, 인간이나 자신에게 해가 될 수 있는 상황들을 피할 수 있어야 한다.

이러한 규칙은 영화 「아이 로봇」에 등장한 바 있는 로봇의 삼대 원칙의 근간이 되었다. NASA에서는 미래 우주실험실에서 인간을 대신하여 활동할 우주로봇의 개발을 위해 자율성을 재정의하였다.

"장시간에 걸쳐, 인간의 간섭 없이, 외부 환경과 상호작용하면서, 주어진 목적 달성에 필요로 하는 다양한 행위들을 스스로 실행할 수 있는 능력."

필자는 유학 시절 NASA의 연구비 덕분에 무사히 학위를 마칠 수 있었다. 바로 NASA에서 주관했던 'SPACE FREEDOM'이라는 대형 프로젝트 덕택이었다. 미국 내 50여 개 대학들이 여기에 참여하여 화성탐사로봇을 비롯한 많은 연구결과를 내던 시기였다. 필자가 참여했던 일은 미래 우주정거장 내에 설치될 우주실험실 가운데서 화학실험실용 자율로봇의 뇌를 설계하는 일이었다. 우주는 무중력 상태이기에 지구상의 실험조건과는 전혀 다르다. 때문에 지구에서와는 전혀 다른 실험결과가 나올 수도 있다. 따라서 우주개척을 위해서는 물리, 화학, 생물 등 기초과학에 대한 연구가 선행되어야 한다. 그런데 위험한 실험에 인간이 투입될 수는 없는 노릇이다. 예를 들어 무중력 상태에서는 화학용액을 지상에서처럼 용기에 담을 수 없다. 액체가 사방으로 확산되기 때문이다. 그러니 주사기와

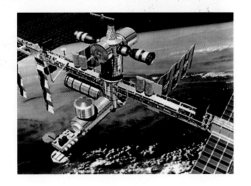

미래의 우주실험실은 인간이 우주를 개척하는 데 필요한 물리, 화학, 생물 등 중요한 기초 과학적 우주실험을 위해 중요한 역할을 담당하게 된다. 이러한 필요성이 자율시스템 연구의 계기가 되었다.

우주공간에 설치될 우주실험실에는 인간을 대신하여 각종 기초과학적 실험을 담당할 자율로봇이 필요하다. 지상으로부터의 실험 명령을 받으면, 스스로 임무계획을 수립하고, 변화하는 다양한 환경에 대처하며, 문제가 발생되면 스스로 진단하여 해결하면서, 임무달성을 위한 각종 작업들을 장시간에 걸쳐 수행할 수 있어야 한다. 실험결과를 지상에 보고하는 것으로 임무를 완료한다.

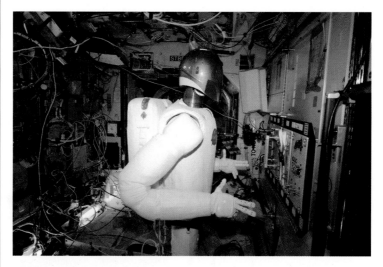

NASA에서 최근 개발한 로봇우주인(Robonaut): 최초로 우주에 실전 투입될 로봇이다. 무인시스템이지만 아쉽게도 자율적이지는 못하다. 비록 섬세한 손발의 움직임은 가졌지만, 시키는 대로 단순한 일만 반복 수행하니 뇌는 비어 있는 셈이다.

같은 특수한 실험 장치가 필요하다. 때문에 실험자 입장에서는 행위 자체도 어렵지만 그만큼 위험에 노출될 확률이 크다. 따라서 인간을 대신할 인공지능에 대한 연구가 절실했던 것이다. 필자는 운이 좋게 이 연구에 참여하여 무사히 학위논문까지 완성할 수 있었다. 이 연구에는 인공지능의 대가인 폰 노이만이 제안한 세포자동자, 시뮬레이션, 게임이론, 유전 알고리즘 등이 적용되었음은 물론이다. 이외에도 계획수립, 기계학습, 고장진단, 전문가시스템 등 각종 인공지능 알고리즘들이 도입되었다. 벌써 20여년 전의 일이니,

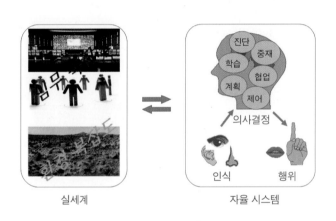

실세계   자율 시스템

진정한 자율시스템이라면 복잡한 환경 하에서도 복잡한 임무를 수행하기 위해, 스스로 인식하고, 계획하고, 학습하고, 진단하고, 제어하고, 중재하고, 협업하는 등 다양한 지능적 기능들을 가져야 한다. 각 기능들은 각각의 호모모픽 모델(법칙)과 이를 작동시킬 추론엔진이 있어야 한다. 자율시스템은 이러한 지능적 원칙을(엔도모피즘) 통해 실세계와 상호작용하며 의도한 바대로 실세계를 지배해 나갈 수 있어야 한다.

자율로봇 설계에 관한 한 필자도 이제 어느덧 고참이 되어간다. 하지만 그 당시 시작된 NASA의 자율형 우주로봇 연구는 아직도 진행형이다. 비록 로봇우주인(Robonaut) 등 가시적인 성과들도 있었지만, 인간형 수준은 아직 못되고 있다. 최근 시작된 스탠포드대학에서의 인공지능 연구는 100년 프로젝트로 진행된다고 한다. '빨리 빨리'에만 익숙한 우리나라 연구 현실에서, 한참을 멀리 내다보고 가는 그들의 연구 자세가 무척 부럽다.

②무인시스템이란?

자율시스템보다 포괄적 의미로 사용되는 용어로 무인시스템(Unmanned System)이 있다. 말 그대로 사람이 탑승하지는 않았지만 센서, 데이터 처리, 제어 및 통신 기능을 탑재함으로써 주어진 임무를 수행할 수 있는 시스템이다. 무인시스템의 발전은 전쟁의 역사와 함께 시작되었다. 비행기의 발명 이전에는 열기구, 비행선을 이용한 무인 폭탄 투하가 시도된 바 있다. 비행기의 발명 이후에는 본격적으로 표적 설정, 핵실험, 정찰 등 인간이 직접 수행하기에는 힘들고, 더럽고, 위험한 각종 임무에 인간을 대신하여 활용되었다. 무인시스템에는 무인항공시스템(UAS: Unmanned Aircraft System), 무인지상시스템(UGS: Unmanned Ground System), 무인수중시스템(UMS: Unmanned Maritime System) 등이 있다. 이 중 무인항공기는 지상 및 수중 시스템에 비해 상대적으로 기체 제어와 환경 극복에 대한 어려움이 적고 전술적 효과가 높아 가장 먼저 개발되었다.

2010년, 전세계 무인항공기 시장 규모는 약 52억 달러 규모로 집계되며, 그중 90퍼센트 이상이 군수용 무인항공기 시장이다. 2010~2019년까지 10년간 전 세계적으로 무인항공기 신규 개발에 투입될 예산은 약 210억 달러 규모로 추정된다. 국방 주 전력화를 위한 무인항공기를 개발하는 국가는 51개국에 달하며, 운용되는 기종은 160여 종에 달한다. 현재 전세계적으로 500여 개 무인항공기 개발 프로젝트가 진행 중이며, 우리나라도 7~8개의 무인항공기 개발 프로젝트가 진행 중에 있다. 특히 미국과 이스라엘은 무인항공기를 비롯해 무인시스템의 대표적 선진국으로 알려져 있다.

민간에서도 무인자동차를 비롯하여 다양한 연구가 활발히 진행 중에 있다. 특히 미국을 중심으로 유럽 및 일본의 자동차 회사와 유수의 대학은 물론 구글까지 서로 경쟁과 협력을 통해 놀라운 기술 발전을 이루어 내고 있으며, 많은 기술들이 실용화 단계까지 와 있다. 최근 세계적인 물류/유통 기업인 아마존(amazon.com)은 소형 무인항공기를 이용한 상품 배송서비스를 기획하고 기술 시연을 통해 그 가능성을 입증하고 있다. 이는 현재의 무인시스템의 연구, 개발의 목적을 "어떻게 제어할 것인가?"에서 "어떻게 활용할 것인가?"로 전환하는 계기로 인식되어 세계적인 주목을 받은 바 있다. 바야흐로 무인시스템의 활용 연구 시대가 열린 것이다.

③무인시스템을 위한 자율성 레벨

미국 국방성에서는 최근 자율성에 대한 정량적 측정과 평가를 위해 무인시스템을 위한 자율성 레벨(ALFUS: Autonomy Level for

자율시스템

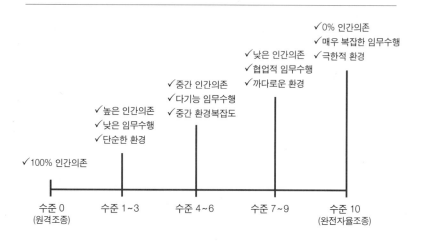

✓100% 인간의존

수준 0 (원격조종)	수준 1~3	수준 4~6	수준 7~9	수준 10 (완전자율조종)

✓높은 인간의존
✓낮은 임무수행
✓단순한 환경

✓중간 인간의존
✓다기능 임무수행
✓중간 환경복잡도

✓낮은 인간의존
✓협업적 임무수행
✓까다로운 환경

✓0% 인간의존
✓매우 복잡한 임무수행
✓극한적 환경

미국 국방부에서 발표한 무인시스템의 자율성 레벨(ALFUS). 현재 국내의 수준은 레벨 2~3 정도이나, 미국, 이스라엘 등은 레벨 4~5 정도로 파악된다.

Unmanned System)을 정의하였다. ALFUS는 임무복잡성, 환경복잡성, 그리고 인간독립성 등 세 가지 측면으로 나누어 무인시스템이 갖추어야 할 종합적인 기술 수준을 0~10 수준으로 분류하고 있다. 레벨 0은 원격조종의 단계를, 레벨 1~4는 정해진 프로그램에 의해 작동되는 자동조종 단계, 그리고 레벨 5~9는 의사결정 기능을 갖춘 자율조종 단계에 해당된다.

지난번 발견된 정체불명의 무인기는 정해진 경로를 따라 비행하면서 사진을 촬영한 뒤 복귀하는 매우 단순한 임무를 수행하는 수준으로 밝혀졌다. 이는 원격조종 단계인 레벨 0을 갓 벗어난 레벨 1에 해당된다. 국내의 현 수준은 이보다는 약간 높아 보이지만 여전히 높은 인간 의존도, 낮은 전술 수행 능력, 그리고 낮은 수준의 환경 복잡도의 특징을 갖는 레벨 2~3에 해당된다. 선진국의 경우는 우리보다 한 단계 위인 프로그램에 의한 자동조종 단계에서 자율조종 단계로의 진입을 꾀하고 있다. 특히 미국의 경우 높은 복잡도를 갖는 환경 하에서도 비교적 어려운 임무를 약간의 인간 의존도만으로 해결해낼 수 있는 수준(레벨 4~5)으로 파악된다. 이와 같이 자율 의사결정 기능을 갖는 무인시스템에 대한 연구는 미래 국방에 결정적인 역할을 할 것인 바, 각 나라 간의 기술 경쟁이 한창이다.

④자율적 집단 무인 시스템 연구 사례

성급한 결론이지만, 치열한 기술경쟁에 힘입어 드론Drone으로 대표되는 무인기의 시대는 곧 저물 듯하다. 수색, 정찰이나 감시, 폭격 등 단순한 일만을 혼자서 감당하는 그런 무인시스템의 시대는 가고 있다는 것이다. 실제 드론이란 단어는 '혼자 생식에만 간여하는 게으름뱅이 수벌'을 뜻한다. 그런 게으름뱅이 혼자만으로는 까다로운 환경을 헤쳐 나가면서 고도의 임무를 수행해 나갈 수 없기 때문이다. 이제 바야흐로 드론의 시대는 가고 비(Bee; 집단적으로 협업하며 부지런히 일하는 일벌)의 시대가 도래하고 있다. 앞으로의 무인시스템은 개체적 자율성은 기본이고, 거기에 여러 대가 일을 나누어 협력할 수 있을 만큼 영리해야 한다. 그래야만 복잡한 환경 속에서도 복잡한 임무를 척척 해낼 수 있기 때문이다.

자율시스템

영화 「꿀벌대소동」의 한 장면: 조직화된 집단으로 일하는 일벌 군단

  필자는 현재 정부의 지원하에 자율성 레벨 6~7 수준의 다중 무인기 시스템의 설계에 도전하고 있다. 구체적으로는 지진, 건물 붕괴, 산불 등 재난시 인명 수색, 감시, 구조 등을 위한 협업형 다중 무인기 시스템을 위한 이론적 연구와 함께 소형 쿼드콥터를 활용한 실험까지 준비 중에 있다.

  필자의 연구와 관련된 응용사례를 잠시 살펴보자. 그림에서처럼, 먼저 SOS구조 요청을 받은 본부는 대응매뉴얼에 따라 용도별 무인기를 선별함으로써 특공편대를 조직한다. 즉 레벨 6~7 수준의 자율 무인시스템 정예 편대를 구성하여 발진시킨다. 편대비행을 통해 임무지역에 도달한 특공편대는 정찰, 수색, 감시, 교신, 수송 등 맡은 바 전문 분야별로 흩어져서 실종자를 찾거나, 촬영하거나, 교신하거나, 도움을 요청하거나, 보고하거나, 구호품을 전달하는 등 스스로 상황을 파악하여 응급 활동을 벌인다. 혼자서 감당하기 힘든 일은 동료 무인기에 도움을 요청함으로써 슬기롭게 상황변화에 대처해 나간다. 각종 임무가 완수된 뒤 이에 대한 보고가 완료되고,

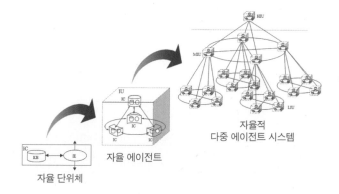

자율 단위체 / 자율 에이전트 / 자율적 다중 에이전트 시스템

자율시스템의 뇌 구조: 자율적 의사결정은 복잡한 다중의 에이전트 간 결합구조로 달성될 수 있다. 뇌에서 뇌세포에 해당되는 각 기능(IC: Intelligent Unit)들은 호모모픽 모델(KB: Knowledge Base)과 추론엔진(IE: Inference Engine)으로 구성된다. 즉 세상을 내 안에 품음으로써, 동료들과 함께 혼자서도 잘할 수 있는 엔도모픽 시스템, 즉 자율적 시스템이 완성된다.

임무지역 / HQ(본부)

다중 개체로 구성되는 협업형 자율 무인시스템(일명 무인특공편대)은 평시나 전시를 막론하고 지진, 건물 붕괴, 산불 및 각종 재난 등 인간 개입이 더디고 어려운 상황에서 신속하고 효율적인 초기대응을 가능케 함으로써 인적 물적 손실을 최소화하는데 결정적인 역할을 할 수 있다.

유인시스템 등 본진이 본격적으로 도착하면 임무교대 후 편대비행을 통해 다시 본부로 복귀한다.

⑤미래 지능적 자율시스템

자율시스템의 미래 모습은 당연히 수벌(Drone)과 일벌(Bee) 그 이상일 것이다. 즉 감성마저 포괄하는 인간의 모습을 닮아 있을 것이기 때문이다. 주어진 명령만 죽도록 수행하는 것이 아니라, 예술을 이해하고, 사랑을 이해하고, 그래서 삶과 존재마저 이해하는 시스템이 필요해 보인다. 때로는 명령을 어길 수도 있고, 그럼으로써 궁

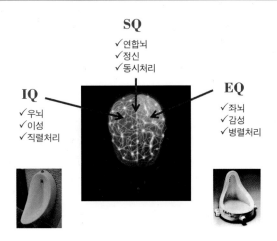

인간의 뇌는 개념적으로 볼 때 우뇌, 좌뇌, 연합영역 등으로 나누어져 있어서 각각 이성적, 감성적, 통합적 기능을 수행한다. 즉 우뇌는 뒤상의 작품을 볼 때, 화장실 변기로만 파악하려 하지만, 좌뇌는 그것을 예술작품으로 보려 한다는 것이다. 양자 간의 갈등은 연합뇌에서 적절히 조절될 것이다.

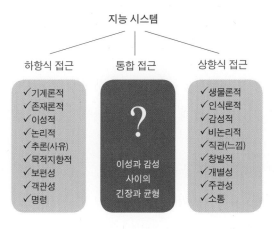

미래의 인공지능은 필연적으로 인간의 뇌를 닮아갈 것이다. 즉 기계
적으로 임무만 실행하는 것이 아니라, 실행 결과가 궁극적으로 세상
을 이익 되게 하는지를 판단할 수 있어야 한다. 이를 위해서는 하향식
인공지능과 상향식 인공지능 간에 시스템적인 통합이 중요해 보인다.

극적 가치인 사랑과 자비를 져버리지 않는 그런 성자다운 인공지
능이 필요한 것이다. 즉 자신의 생명은 버리더라도 다른 사람들의
생명을 더 중요시하는 그런 자율시스템이 언젠가는 나오리라는 희
망이 더욱 간절해지는 요즘이다.

⑥맺는 글

앞에서 우리는 사랑하는 님을 떠내 보냈다. 비록 참담한 심정이지
만, 그들의 희생으로 많은 것을 배우고 있다. 지금 우리는 최첨단의
시대를 살아가고 있다. 수많은 지능시스템, 자율시스템, 무인시스
템, 인공지능시스템, 마음시스템들이 양날의 검이 되어 시시각각

우리 앞에 다가오고 있다. 하지만 과학의 눈부신 발전에 비례하여 지혜 또한 성숙되지 않는다면 아무도 미래를 보장할 수 없으리라. 그렇기에 우리가 무엇을 연구하고 무엇을 만들건, 그것은 온전히 우리와 후손 모두를 이익 되게 하는 것이어야 할 것이다. 때가 되면 우리 또한 떠나야 하기 때문이다. 서산대사의 선시로 갈무리한다.

눈 덮인 들판을 밟아 갈 때
함부로 어지럽히지 마라.
오늘 나의 발자취는
반드시 뒷사람의 길잡이가 될지니.

엔지니어 되기

긴장 풀기, 바로 보기, 보내 주기 미소 짓기

눈은 아직 남았는데 어디에서 봄을 찾으랴.
초당 남쪽 매화 가지에 꽃이 막 피려 하네.

중국 시조 「설중매」의 일부이다. 부지런하고 강인하면서도 기품 있는 매화는 선비정신의 상징이다. 유월 초, 아직 봄기운은 남아 있건만 매화는 어느새 매실로 거듭난다. 서릿발처럼 매서웠던 의지가 아름다운 결실을 맺는다. 원인 없는 결과가 어디 있으랴! 부지런히 피고 지고 결실 맺고 떨어져서 거름되고… 참으로 순리대로 자연스럽게, 그 어디에도 머물지 않는 모습이 자유롭고 멋져 보인다. 허면 우리네 삶은 어떠한가? 어느 노스님이 젊은 수행승에게 묻는다.

"뭘 하고 있느냐?"
"예. 깨달으려고 좌선을 하고 있습니다."
"그래서 언제 깨닫겠느냐?"
"???"

몇 년 뒤
"뭘 하고 있느냐?"
"예. 깨달으려고 염불을 하고 있습니다."
"그래서 언제 깨닫겠느냐?"
"???"

몇 년 뒤
"뭘 하고 있느냐?"
"예. 깨달으려고 경전을 읽고 있습니다."
"그래서 언제 깨닫겠느냐?"
"??? … "

가끔씩 수업시간에 학생들에게 묻는다.

"자네는 이 자리에 왜 앉아 있는가?"
"공부하려고요"

스승은 제자에게 답을 가르치는 것이 아니다. 집착 없음을 통해 답 없는 답을 찾으라는 것이다. 스스로 터득하게끔 일깨워주는 것이다. 바른 뜻으로 바른 결실을 맺으라는 것이다. (영화 「법정 스님의 의자」 한 장면)

"공부해서 뭐하게?"

"취직 해야지요"

"취직을 왜 하는데?"

"돈 벌어야죠"

"돈은 왜 버는데?"

"집도 사고 결혼도 하고 가정을 꾸려야죠."

"가정은 왜 꾸려야 하나?"

"그냥 그래야 하는 거 아닌가요? 뭘 그렇게 자꾸…"

엔지니어 되기

노스님은 과연 답을 알고 있을까? 학생에게 질문하는 필자는 정작 본질이 무엇인지 알고나 하는 얘길까? 대체 정답이 있기는 한 걸까? 아마도 스승은 제자의 좁은 견해, 즉 편견을 깨주려는 의도였을 것이다. 단편적인 행위가 아니라, 깊이 느끼고, 고민하고, 사유하고, 성찰하면서 좀 더 본질에 걸맞게 행하라는 뜻일 것이다. 행위 하지 말라는 것이 아니라, 행위에 대한 집착에서 벗어나라는 것이다. 피상적이고 근시안적인 행위를 멈추라는 것이다. 그래야만 온전한 행위가 된다는 것이다. 일회적인 답을 가르치려는 것이 아니라, 답을 바라보는 근본적인 방법을 스스로 터득하게끔 일깨우려는 것이다.

사실 답이란 것이 별도로 정해진 것은 아닐 것이다. 설령 있다 해도 그것은 언젠가 변할 것이다. '~ 때문에', '~을 위해서'라는 조건이 붙을 때, 우리는 순수할 수 없게 된다. 자연스러울 수 없게 된다. 지혜로울 수 없게 된다. 조건적인 행위는 일시적이고 임시적이기 때문이다. 그러니 뭘 하더라도 '그냥' 하자. '너 때문에', '사랑하기 때문에', '인류의 평화를 위해서', '행복하기 위해서', '돈 벌려고', '깨달으려' 등등 토 달지 말고 순리대로 그냥 하자. 그것이 본질적인 삶일 것이다. 본말이 전도되지 않는 진실한 삶일 것이다. 고은 시인의 시 「사랑에 대하여」 일부를 음미해 보자.

높지 말 것
넓지 말 것
…

사랑은 작고 시시할 것

대자대비 아니오

박애 아니오

그저 사랑은 맹목의 그 사랑이오.

　혹자는 반문할지 모른다. 그래서 그냥 잘 살고 있는 사람한테, 왜 사냐고 물을 때는 언제고 이제 와서 다시 그냥 살라는 것은 도대체 무슨 김밥 옆구리 터지는 소리냐고? 관념적인 삶과 지혜로운 삶은 종이 한 장 차이다. 그냥 살더라도, 알고 사는 것과 모르고 사는 것은 하늘과 땅 차이다. 비록 겉모습은 같을지라도 행복과 불행 사이가 천 갈래 만 갈래로 나뉜다는 것이다. 그냥 '산은 산, 물은 물'과 '산은 산 아님, 물은 물 아님'을 거쳐 다시 '산은 산, 물은 물'과는 엄연히 다르다는 것이다.

1. 엔지니어 되기

우리나라가 변변한 자원도 없이 기술 강국의 반열에 오른 것은 온전히 엔지니어 덕택이라 해도 지나치지는 않을 것이다. 그야말로 전후 격동기에 우수한 인재들이 허리띠 졸라매고 최고 수준의 엔지니어로 성장함으로써 단기간에 나라를 일으켜 세웠다. 그분들 덕택에 기술 강국으로 우뚝 올라섰다. 하지만 아쉽게도 1세대 엔지니어들의 시대는 이제 저물고 있다. 안타깝지만 그들이 마련해 준 풍요 속에 안주하기에 현실은 너무나 냉엄하다. 많은 것이 변했다.

더 복잡해졌고, 더 치열해졌다.

화투판처럼(?) 냉엄한 첨단기술 경쟁 속에서 진정한 타짜 엔지니어로 거듭나기 위해서는 이제 쌍피(2P)만 가지고는 어려워 보인다. 적어도 피가 네 개는 있어야 한다. 참된 엔지니어로 거듭나기위한 네 개의 피(P)에 대해 살펴보자. 4P란 바로 Product, Project, People, Process이다.

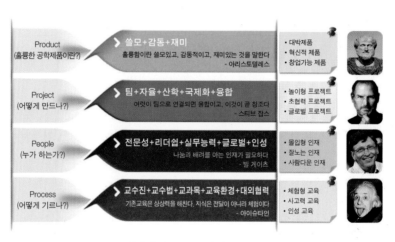

엔지니어 교육을 위한 네 개의 P

Product(훌륭한 공학제품이란?)

Product란 말 그대로 생산품, 즉 물건, 제품이다. 과학의 목적이 진리의 탐구라면, 엔지니어의 목적은 훌륭한 물건을 만드는 것이다. 그냥 물건이 아니라, '훌륭한' 물건, 그래서 대박 날 물건을 만드는 것이다. 일찍이 학문의 아버지라 불리는 아리스토텔레스는 '훌륭

세계 최초로 튜링테스트를 통과한 인공지능시스템
'유진 구스트만'

함'에 대해 명쾌한 정의를 내린 바 있다. "재미있고, 감동적이고, 쓸
모 있는 것." 전에는 쓸모 하나만 있어도 팔렸다. 제품이라는 것이
기능성 하나면 충분하지 뭐가 더 필요한가 여겼었다. 하지만 지금
은 다르다. 재미있으면서도 감성을 파고들지 않으면 안 팔린다.

최근 13세 수준의 인공지능시스템인 '유진'이 세계 최초로 튜링
테스트를 통과했다. 인간보다 더 인간다웠다는 것이다. 또래 수준
의 상식은 기본이고 유머와 재치, 그리고 감성까지 갖추었다고 한
다. 그래서 사람들은 열광한다. 물론 이전에도 IBM 왓슨처럼 인간
보다 빠르고 정확한 인공지능은 있었다. 하지만 이번에는 이성뿐
만 아니라 진짜 소년의 감성을 보이는 괴물이 출현한 것이다. 이성
과 감성을 겸비함으로써 진정한 인공지능의 시대가 열린 것 아닌
가 하는 기대 반 걱정 반으로 연일 매스컴이 뜨겁다. 실제로 방대
한 경우수와 정보들을 잘 가다듬고 조직화하여 마치 진짜 인간이
감성적으로 반응하는 것처럼 만들었다는 점에서 놀라움을 금할 수

없다. 하지만 모든 예상 질문들에 대해 가능한 모든 경우수별 모범 답안을 마련한 뒤 기계적으로 반응하는 시스템을 두고, 설령 그것이 아무리 그럴싸한 감성적 답을 내놓는다 한들 인간처럼 사고할 수 있는 시스템이 출현했다고 선언할 수는 없을 것이다. 그럼에도 불구하고 '유진'이라는 인공지능시스템이 우리에게 매력적으로 다가오는 이유는 그것이 단순한 지식전달뿐만 아니라 그 이상의 뭔가를 갖췄기 때문일 것이다. 적어도 겉으로는 그래 보인다.

이와 같이 '쓸모'에 덧붙여 '재미'를 찾는 이유는 뭘까? 우리는 늘 뭔가 새로운 것을 추구하기 때문이다. 도전적이고 창조적이고 혁신적인 것에 끌리는 우리들의 변화 욕망 때문이다. 심지어 사랑조차 '변하는 거야'를 외치지 않던가! 지루한 것은 더 이상 못 참는다. 그렇다면 '감동'은 또 왜 필요할까? 아마도 변화에 대한 반대급부로 변함없는 따뜻한 정이 그리워서일 게다. 한바탕 신나는 놀이 뒤에 찾아오는 허탈감과 갈증을 해소하고 싶어서일 것이다. 휴대폰 하나에도 감각적 디자인을 중시했던 스티브 잡스는 이 점을 놓치지 않는다. '훌륭한' 전자제품 시대의 서막을 연 그의 선견지명이 놀라울 뿐이다. 제2의 스티브 잡스를 꿈꾸는 우리들로서는 어떻게 해야 훌륭한 엔지니어가 될 것인지에 대한 깊은 성찰이 필요해 보인다. 특히 '훌륭함'의 이면에는 우리들이 알아야 할 본질, 즉 시스템적 특성이 자리한다는 것을 간과하지 말아야 할 것이다.

Project (어떻게 만드나?)

아무리 훌륭한 제품을 구상했다 해도 Project(프로젝트)를 통하지 않고서는 완성될 수 없다. 어떤 프로젝트에서 훌륭한 제품이 나올까? 프로젝트는 이제 팀 단위로 진행된다. 때로는 수직적으로, 때로는 수평적으로, 때로는 혼합적으로 구성된다. 때로는 민관군으로, 때로는 산학연으로, 때로는 다국적으로 구성된다. 어디 그뿐이랴. 인문, 예술, 정치, 윤리, 경제는 물론 기계, 전자, 컴퓨터, 화학, 생물, 재료 등 초협력적 팀으로 진행되는 프로젝트가 요즈음의 화두이다. 스티브잡스는 서로 다른 분야 간의 연결이 곧 융합이고 융합이 곧 창조라고 일찍이 강조한 바 있다. 그렇다고 팀만 잘 조직하면 무엇하랴. 관리가 엉망이면 아무 소용도 없을 것이다. 프로젝트 관리, 즉 리더십이 더 중요해 보이는 이유다.

People (누가 하는가?)

인사가 만사라 한다. People(사람)은 프로젝트를 이끄는 결정적 주체이다. 모든 일의 시작이자 끝이다. 한 명의 의사가 잘못하면 몇 명의 환자가 다치지만, 한 명의 엔지니어가 실수하면 수백 수천의 생명을 앗아갈 수 있음을 우리는 익히 보아왔다.

훌륭한 프로젝트를 이끌며 훌륭한 물건을 만들 수 있는 훌륭한 엔지니어란 과연 누구인가? 상위 TOP10 대학 출신, 성적 3.0 이상, 장학금 수혜 경험 1회 이상, 토익 700점 이상, 봉사활동 30시간 이상, 에세이 발표 3회 이상, 경진대회 수상 경력 2회 이상, 자격증 2개, 해외연수 1년……

그래서 살림살이 나아지셨습니까? 뭐든 혼자서도 잘할 수 있나요? 눈치 보지 않고 잘 노나요? 교과서 달달 외워서 아는 답 말고,

엉뚱하지만 자신만의 답을 내놓을 수 있나요? 자신을 희생할 정도로 어리석게 남을 배려해 봤나요? 그러고도 생색 하나 내지 않을 수 있나요? 사는 일에 신이 나나요? 하는 일이 진정 돈이 아니라 행복을 위한 것이라고 확신하나요? 가치 있는 일이라면 정말 목숨도 걸 수 있나요? 뜨거운 눈물을 흘려봤나요?

어찌어찌 공부 잘해서, 소위 명문대학 나와서, 머리 빨리 돌아 아이디어 내서 돈벌이 잘되는 사업에 성공했다 치자. 그가 곧 훌륭한 엔지니어일까? 이 사회가 그토록 원하는 바로 그일까? 혹시 인재人才가 아닌 인재人災는 아닐까? 공학제품은 양날의 검이다. 우리를 즐겁게도 하지만, 동시에 재앙을 불러오기도 한다. 물론 명문대 나와서 돈 잘 버는 것이 잘못되었다는 것은 아니다. 당연히 칭찬받아 마땅하다. 하지만 그것만을 최고로 여기는 우리들의 편향된 가치관에는 문제가 있다. 전문성, 사업성, 창의성, 융합능력, 글로벌 리더십 등등 다 좋지만 그보다 앞서 인성이 간과되어서는 안 되기 때문이다. 정작 달은 보지 않고 달을 가리키는 손가락만 가지고 왈가왈부하는 우리들의 근시안적 태도가 문제라는 것이다. 본말이 전도된 우리들의 외눈박이 사고방식이 문제인 것이다. 진정 아름다운 엔지니어, 사람다운 엔지니어, 모든 이들을 이익 되게 할 그런 훌륭한 엔지니어 어디 없을까?

Process (어떻게 기르나?)

왜 없겠나! 만들면 되지! (Process) 세계 최고의 천재 과학자 아인슈타인과 IT시대를 펼친 선구자들이 전해 주는 이야기에 귀 기울여

아리스토텔레스

스티브 잡스

페스탈로치

빌 게이츠

아인슈타인

마크 주커버그

정약용

놀이
몰입
감동
상상
재미
체험
나눔 팀
연결 배려
부지
런함 마음

엔지니어는 무엇을 먹고 자라나?

보자.

　아인슈타인은 일찍이 기존의 교육방식은 호기심과 상상력을 방해할 뿐이라고 독설을 날린 바 있다. 그는 경험과 실수, 그리고 몰입할 수 있는 오락이야말로 자유롭고 새로운 사고의 원동력이라고 말한다. 전해들은 것은 절대로 지식이 될 수 없으며, 오로지 직접 경험한 것만이 참된 지식이라는 것이다. 그래서 그는 책을 펴면 쉽게 찾을 수 있는 지식들은 일부러 기억하지도 않는다고 한다. 진정한 교육이란 정답보다는 엉뚱한 질문이 나오게 해주는 것이며, 따라서 정보주입이 아니라 사고하는 방식을 스스로 터득하게끔 해주는 것이 진정한 교육이라 말한다. 물론 옆집 할머니가 들어도 이해할 수 있을 정도로 쉽고 간결하게 가르쳐야 한다고 주장한다. 심지어 뭘 하려는지 미리 짐작할 수 있다면 그것은 더 이상 연구가 아니라고까지 강변한다. 덧붙여 침묵이나 명상을 통해 자기 마음을 살피고 상대방을 존중하는 태도 또한 중요하다고 역설한다. 궁극적으로는 세상을 살피는 일보다 자기 마음을 살피는 일이 더 어렵다는 것을 천재 물리학자 아인슈타인은 이미 알고 있었던 것이다.

애플의 창시자 스티브 잡스는 융합을 외친다. 특히 예술과 과학은 둘이 아니라고 줄기차게 강조한다. 융합적 연결이 곧 창조라는 것이다. 그렇기에 경험과 실수가 무엇보다 중요하다고 외친다. 그래서 정해진 논리보다는 직관을 따르라 한다. 물건 하나라도 겉모습보다 본질에 대한 통찰, 그리고 휴머니티를 강조한다. 자신이 가장 잘한 일 중의 하나가 대학을 때려친 일이라고 파격을 서슴지 않는다.

마이크로소프트를 세운 빌게이츠 역시 타인에 대한 배려와 이해를 중시한다. 아낌없이 주는 것을 통해 인격을 연마하라고 강조한다. 힘든 상황도 긍정적으로 받아들일 줄 아는 수용의 정신과 적응력 또한 중요하다고 말한다. 그 역시 사람의 도리, 즉 순리를 말하려는 것이다.

아직 어리지만 세계 최고의 아이디어맨으로 페이스북의 창설자인 마크 주커버그는 부디 장난기를 잃지 말라고 한다. 무엇보다도 남 눈치 보지 말고 자기 하고 싶은 일을 마음껏 하라고 주장한다. 자신은 죽었다 깨어나도 재미없는 일은 못한다고 외친다. 자기 마음을 속이지 말라는 얘기다.

요컨대 현대과학을 이끌었던 선구자들은 한결같이 교육의 핵심으로 인간성과 마음가짐을 꼽고 있다. 그렇다면 우리 선조들은 어떤 가르침을 주었을까? 이제 막 15살이 된 황상이 한숨 쉬며 스승인 다산 정약용에게 묻는다.

"저는 너무 둔하고 꽉 막혀서, 정말 답답한 놈입니다."

다산이 답한다.

"공부하는 자에게는 큰 병통 세 가지가 있다. 첫째, 외우기가 빠르면 그 폐단은 소홀히 하게 되는 것이며, 둘째, 글짓기가 빠르면 그 폐단은 부실하게 되는 것이요, 셋째, 이해가 빠르면 그 폐단은 거칠게 되는 것이다. 무릇 둔하지만 파고들고, 소통시키고, 닦아내는 자는 그 빛이 윤택하게 되는 법이다. 파고드는 것은 어떻게 하느냐? 부지런함이다. 소통시키는 것은 어떻게 하느냐? 부지런함이다. 닦아내는 것은 어떻게 하느냐? 역시 부지런함이다. 이 '부지런함'을 어떻게 다할 수 있느냐? 마음가짐을 확고히 하는 것이다."

2백여 년의 시간을 거슬러 요즘의 우리들, 너무나 이기적이고 약삭빠른 우리들을 경책하고 있다. 영악한 생각과 가벼운 행동이 총체적 부실이라는 과보를 낳는다고 일깨우고 있다. 세월호 참사를 호되게 꾸짖고 있는 것이다. 그가 제시하는 답은 간단하다. 마음을 다스리면서 부지런히 살라는 것이다.

중국고전 『고문진보』에 보면 곱추 정원사 곽탁타에 대한 얘기가 있다. 그가 나무를 가꾸거나 심으면 죽는 일이 없었으며, 언제나 잎이 무성하였고, 열매도 많고 실하였다. 그래서 사람들이 그 비법을 물으니, 이렇게 답한다.

"내가 나무를 오래 살게 하고 잘 자라게 하는 것이 아닙니다. 나무가 지닌 본성을 거슬리지 않고, 그의 본성을 다하도록 돌봐줄 뿐입니다. 나무의 본성이란 뿌리는 바르게 뻗으려 하고, 북돋움은 고르길 바라고, 그 흙은 옛것을 좋아하고, 뿌리 사이를 꼭꼭 다져 주기를 바랍니다. 이런 다음에는 건드리지 않고 걱정하지 말며 더 이상 돌아보지 않고 내버려두어, 처음 심을 때는 자식과 같으나 심은 다음에는 아주 내버린 것처럼 하면, 나무의 본성이 온전히 보존되어 그 본성을 따라 잘 자라는 것입니다. 그런데 다른 사람들은 그렇게 하지 않습니다. 뿌리는 한데 모아 심고, 흙은 새것으로 바꾸며, 북돋기도 지나치거나 또는 모자라게 합니다. 아침에 물을 주고 저녁에 어루만져 주고, 나무의 뿌리를 흔들어서 흙이 제대로 채워졌는지 확인하며, 지나치게 사랑하며 걱정합니다. 그러나 실은 나무를 해치는 일일 뿐입니다."

붓다의 깨달음에 결정적인 역할을 한 것은 최고 수준의 왕실교육도 아니요, 요가 스승의 가르침도 아니었고, 처절한 고행도 아니었다. 그것은 어린 시절 잠시 가졌던 자연스러움, 한가함, 천진함이었다. 아버지를 따라 나섰던 한가로운 농경지대에서 나무에 기대 앉아 느꼈던 그 청정함과 평정심의 기억이 고행에 지칠 대로 지친 붓다를 보리수 아래로 이끌어 최상의 깨달음을 얻게 하였던 것이다.

이처럼 여러 선각자들의 훌륭한 가르침을 현실에서 어떻게 구현해 낼 수 있을까? 어떻게 해야 창조적이면서도 올바른 그런 인간다운 엔지니어를 길러 낼 수 있을까? 삼성그룹 이건희 회장은 마누라와 자식만 빼고 전부 싹 바꾸라고 이미 20년 전부터 외쳐 왔다. 그의 속내는 모르겠으나, 변화를 수용하고 적극적으로 대처하려는 의지 하나는 돋보인다. 아인슈타인도 발상의 전환 없이는 창조적 인재를 키울 수 없다고 단언한다. 어느 교육학자는 현재의 교육 여건이 '19세기형 교수법, 20세기형 교수, 21세기형 학생'이라고까지 비꼰다. 정체되어 있다는 말이다.

한마디로 교육틀을 싹 뜯어 고치라는 것이다. 학교라는 곳을 단순히 가르치고 배우는 지식전달의 공간에서 벗어나, 펼치고 즐기며 몸소 체험하는 공간으로 확 바꾸라는 것이다. 학교와 사회와 기업 간의 울타리도 낮춰야 한다. 국내와 해외 간의 장벽도 줄여야 한다. 문과니 이과니 전공분야 간의 구분도 좁혀야 한다. 기술과 예술이 언제부터 구별되었던가? 불과 2~3세기전의 일이 아니던가! 예술이건, 철학이건, 문학이건, 공학이건 모두가 세상을 바르게 이해하고 아름답게 꾸미려는 다양한 노력일 뿐이다. 통섭의 개념도 다원주의의 개념도 크게 다르지 않을 것이다. 그저 우리들 인간의 본성에 충실하려는 다양한 몸부림일 뿐이다. 다르게 보이지만 본질적으로는 결코 다르지 않은 것이다. 거기에는 우열과 차별이 아닌 다양성만이 존재한다.

　모든 분야들이 하나였던 과거로 돌아가자. 보다 큰 가치 창조를 위해 벽을 허물어 원래대로 되돌리자. 이제 반쪽짜리 인간은 그만 길러내고, 정말 인간다운 인재를 길러야 한다. 다양성은 융합을 낳고, 융합은 이해를 기르고, 이해는 인간성을 완성시키기 때문이다. 일찍이 교육의 아버지 페스탈로치는 인성을 최고의 가치로 삼지 않았던가. 요즘같이 복잡하고 분업화된 세상에 무슨 이상주의적 궤변인가 여길지도 모르겠으나, 세월호 참사와 같이 총체적 난국에 접하게 되는 오늘날 인성교육이 더욱 간절해지는 것은 과연 필자만의 호들갑일까? 부끄러움과 창피함마저 모른 채 살아가는 게 필자를 비롯한 대다수 우리들의 모습은 아니던가?

　불교인식론 아비담마에 따르면 선한 마음 중에 부끄러움과 창피함이 있다고 한다. 부끄러움이란 스스로에 대한 것이고, 창피함이란 타인에 대한 것이다. 『숫타니파타』의 구절이다.

　남을 화나게 하고, 이기적이고,

　악의적이고, 인색하고, 거짓을 일삼고,

　부끄러움과 창피함을 모르는 사람이 있다면,

　그는 분명 천한 사람입니다.

　스스로의 마음을 제어하는 것. 이것이 동서양을 막론하고 선각자들이 한결같이 언급한 바, 사람다운 삶의 전제조건이다. 그래야만 부끄러움과 창피함을 알 수 있는 사람이 된다. 그래야 부실한 결과를 낳지 않는 부지런한 사람, 인간다운 엔지니어가 나올 것이다. 그래야 지혜롭고 자유롭게 살면서, 모두를 이롭게 하는 훌륭한 제품을 만들 수 있을 것이다.

2. 마음 길들이기

어찌해야 마음을 잘 다스릴 수 있을까? 어떻게 스스로의 마음을 제어할 수 있을까? 이미 알려진 바, 마음은 항상 대상을 만났을 때 일어난다. 조건 따라 일어났다 조건 따라 멸하는 것이다. 때문에 그어느 때건 대상과 마주했을 때가 바로 마음을 다스릴 절호의 찬스다. 성인들이 말하는 마음 길들이기 비법을 살펴보자.

Relax (이완하기)

번뇌는 긴장이다. 생각 자체가 곧 긴장이다. 아무리 사소한 마음일지라도, 결국엔 육체적 반응으로 나타난다. 몸과 마음은 함께 하기 때문이다. 서로 의지하여 일어났다가 의지하여 소멸한다. 따라서 좋은 대상이건 나쁜 대상이건 대상과 마주했을 때는 의도적으로 몸을 이완시켜보자. 그러면 마음도 덩달아 여유를 찾게 된다. 마음이 여유를 찾아야 비로소 몸과 마음을 제어할 수 있기 때문이다. 그렇다고 제어하는 마음 따로, 제어당하는 마음 따로, 악한 마음 따로, 착한 마음 따로 등 이 마음 저 마음이 따로따로 있는 것은 아니다. 다만 육체적 긴장이 풀려야 앞에 일어난 마음을 뒤에 일어난 마음이 알아차리기 쉽기 때문이다, 그래야 마음을 지속적으로 잘 관

빈센트 반 고호의 「낮잠」. 뭐니뭐니 해도 뱃속 편한 게 최고!

리할 수 있기 때문이다. 그래야 부끄러움과 창피함도 알 수 있게 된다. 반성과 참회도 할 수 있다. 그래야 인간답게 성장할 수 있다.

Breath-in, breath-out (들이쉬고 내쉬고)

휴~ 긴장이 완화되면 동시에 호흡도 느려진다. 반대로 호흡을 관찰하다 보면, 생각이 느려지고 동시에 긴장도 완화된다. 마음도 평온해진다. 고요함을 유지해야 마음을 살펴 볼 수 있고 그래야만 세상을 바로 볼 수 있기 때문이다. 그렇다고 억지로 호흡을 느리게 하라는 것은 아니다. 때때로 마음이 길을 잃었을 때 ─ 마주한 대상에 빠졌을 때 ─, 의식적으로 자기 호흡을 지켜보면, 제정신을 차릴 수 있기 때문이다. 온전히 깨어 있을 수 있기 때문이다. 방금 일어났던 마음을 분명히 알아차릴 수 있기 때문이다. 자신이 무슨 생각을 했는지, 그래서 무슨 짓을 했는지 확실히 이해하고 반성할 수 있기 때문이다. 즉 지혜로울 수 있기 때문이다.

오딜롱 르동의 「감은 눈」

Let it go (보내주기)

어떤 대상이건 붙잡지 말고 그냥 보내주자. 본질적으로 이 세상에
내 것은커녕 나 자신도 없다. 지금 인식된 대상은 그 무엇이건 자연
에서 왔으니 온전히 자연으로 되돌리자. 그것을 붙잡으려는 순간,
우리는 더 이상 마음을 제어할 수 없게 된다. 이미 마음은 대상의
노예가 되었기 때문이다. 집착! 그것이 불행의 씨앗이다. 그래서
'방하착放下着'하라는 것이다. 집착을 내려놓으라는 말이다. 그렇다
고 아무 일도 하지 말라는 것이 아니다. 단지 '진인사 대천명'(사람
이 최선을 다한 뒤, 결과는 하늘의 뜻을 따른다) 하라는 것이다. 지금의
대상이나 상황에 순리대로 집착 없이 최선을 다해 대처하라는 뜻
일 것이다. 대신 결과에는 연연해하지 말라는 것이다. 결과는 응당
자연의 섭리에 따라 일어날 대로 일어날 것이기 때문이다. 결과가
어찌되건 그 또한 나도 아니고 나의 것도 아니다. 그저 인연 따라
벌어지는 자연현상일 뿐…

에르바르트 뭉크의 「이별」. 보내주면 그뿐!

Smile (미소)

연꽃을 든 붓다에게 미소로 화답한 제자 마하 가섭은 역시 수제자답다. 아는 자는 말이 없다. 자유롭고 이완되고 고요하여 집착이 없다. 그러니 미소 지을 밖에… 모나리자는 미소 하나로 이미 무수한 말을 하고 있지 않은가!

'이완하기'나 '숨쉬기'나 '보내주기'나 '미소짓기'나 결국은 매한가지다. 늘 깨어서 자기 마음을 살피라는 뜻이다. 앞서 살펴본 선구자들의 이야기와 조금도 다르지 않다. 물론 쉽지는 않다. 우리는 늘 대상에 집착하고 생각에 휘둘려서 깨어 있지 못하기 때문이다. 그렇다고 영 불가능한 얘기는 아니다. 창조적이고 자유로운 엔지니어로 거듭나기 위해서, 무엇보다도 온전하고 행복한 삶을 위해서라면, 결코 못할 일도 아니다. 독자들께서도 네 가지 마음 길들이기를 꼭 실천해 보라고 진심으로 권하고 싶다. 필자도 십년 넘게 노력 중이다. 물론 잘 안 된다. 그렇지만 그리 실망지는 않으리라 다짐

레오나르도 다빈치의 「모나리자」.
미소 하나면 끝!

한다. 잘 하려는 것도, 못한다고 실망하는 것도 모두 집착이기 때문
이다. 때때로 무엇엔가 집착하려는 욕망이 솟구칠 때마다 되뇌어
보는 중국 향엄 선사의 게송으로 마무리한다.

작년의 가난은 가난도 아니었네.
올해의 가난이 진짜로 가난일세.
작년엔 송곳 꽂을 땅 하나 없더니
올해엔 송곳마저 없어져 버렸다네.

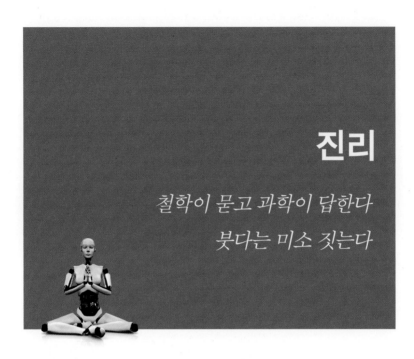

진리

철학이 묻고 과학이 답한다
붓다는 미소 짓는다

철학이 묻는다. "난 어디서 나왔어?"

과학이 답한다. "다리 밑에서 주워왔지!", "아니지! 엄마 아빠가 사랑해서야!"

철학이 묻는다. "그게 끝이야?"

과학이 답한다. "글쎄…."

붓다는 그저 미소 짓는다.

인간의 대표적인 본능 중 하나가 호기심일 것이다. '왜?'라는 질문과 함께 인류역사는 시작되었는지 모른다. 철학과 과학이 여기에서 출발되었기 때문이다.

1. 존재·인식 문제

어느 날 한 정원사가 피카소의 화실을 방문하여 그림을 감상하고 있었는데, 마침 피카소가 지나간다. "피카소 씨, 이게 뭔가요?" "그건, 제 부인을 그린 겁니다." "음! 그래요… 그렇게 눈이 나쁜 사람이 어떻게 화가가 될 수 있었나요?"

피카소는 평생 동안 여성편력이 대단했다고 한다. 그를 거쳐 간 여인들을 그린 그림들을 보면 짐작이 가고도 남는다. 그는 진정 대상(여성)에 완전히 몰입할 줄 아는 사람이었다. 대상의 감성을 고스란히 읽어낼 능력이 있기 때문이다. 대상과 하나가 되었다기보다는 자신을 완전히 배제시킴으로써, 대상의 심층까지 완벽하게 그려낼 줄 알았던 것이다. 예술가에 앞서 과학자적 통찰이 돋보인다. 진정한 관찰자로서의 자격이 충분해 보인다.

그런데 무엇이 보는 걸까? 눈이 볼까, 아니면 마음이 볼까? 그리고 무엇을 볼까? 저 밖의 대상을 객관적으로 볼까, 아니면 보고 싶

피카소가 그린 여인들

은 것만 골라서 볼까? 똑같은 대상에 대해 다른 사람들도 나와 똑같이 보는 걸까, 아니면 피카소처럼 제멋대로 보는 걸까?

그림이란 본래 사람이 직접 손으로 그리는 것이니까 저마다 다른 것은 당연하다고 치자. 그렇다면 기계의 힘을 빌려 찍어내는 사진의 경우는 어떨까? 사진을 예술의 경지로 승화시킨 최고의 사진작가 앙리 카르티에 브레송처럼 라이카 카메라를 둘러메고, 그가 찍었던 바로 그 자리에 서기만하면, 우리들도 그처럼 예술사진을 찍어낼 수 있을까? 우리들도 그가 바라본 세상과 똑같이 세상을 볼 수 있지 않을까?

대표적 사진집인 「결정적 순간」에 실린 작품들을 보면, 그는 결정적 순간을 포착하기 위해 때로는 12시간 이상을 그 자리에서 꼼짝 않고 기다리기도 했다고 한다. 비록 관찰자가 동일하다 하더라도 대상은 늘 변화하므로, 즉 어느 한 순간도 동일한 상태로 머무르지 않으므로 결코 똑같은 세상을 두 번 다시 볼 수 없기 때문이다. 그렇기 때문에 브레송 역시 피카소처럼 예술가 이전에 투철한 관찰자로서의 감각이 뛰어나 보이는 것이다. 그들처럼 뛰어난 관찰자들은 도대체 세상(대상)을 어떻게 이해하고 표현하는 것일까?

본격적으로 과학을 논하기에 앞서, 철학적 사유의 핵심인 존재·인식론적 문제를 살펴보자. 「그림 1」은 대상을 보며 머릿속에 그리는 대상-관찰자-모델 간의 관계를 나타낸다. 우리들의 삶 자체도 사실 인식 대상과의 접촉을 통한 사유와 그에 따른 의도적 행위의 연속일 뿐이다. 철학적 접근도 이러한 틀을 벗어나지 않는다. 다만

진리

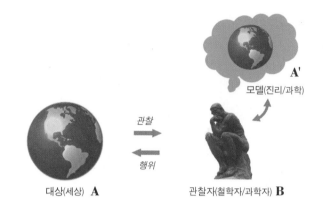

관찰

행위

모델(진리/과학) A'

대상(세상) A

관찰자(철학자/과학자) B

「그림 1」 대상-관찰자-모델 관계도

개별적인 대상과의 개인적인 관계라기보다는 보편적인 의미에서의 세상-철학자-진리 간의 관계에서 철학적 사유가 성립되는 것이다. 과학의 입장도 크게 다르지 않다. 세상을 관찰하여 과학적 이론을 세우는 것은 세상-과학자-과학 간의 관계성을 통해서 이루어지기 때문이다. 관계를 구성하는 세 가지 기본적 구성원 A, B, A' 각각의 존재성 여부에 대한 철학적 질문에 따라 과학적 접근도 다양하게 펼쳐지게 된다.

① 대상 A는 객관적으로 존재하는가, 아닌가?
② 관찰자 B는 실체적으로 존재하는가, 아닌가?
③ 오직 A'만이 존재하는가, 아닌가?

「그림 2」에서 보는 바와 같이 전통 인식론에서는 A = A'를 전제

모델(A')

관찰

행위

대상(A)   관찰자(B)

「그림 2」 전통 인식론적 관점

로 한다. 즉 이론화된 과학적 결과물들이(A') 실세계를(A) 그대로 투영하는 보편적인 진리로서 인정된다. 이를 바탕으로 보편적 객관세계에 대한 고유의 명칭과 속성이 부여되고, 이들의 분류를 통해 학문적 체계가 갖춰졌다. 그러나 고대로부터 이어져 왔던 이러한 인식방식은, 최근에 이르러 극적으로 변화되고 있다. 이제 A는 결코 A'가 될 수 없다고 한다.(「그림 3」 참조) 그 이유는 의식적이건 무의식적이건 간에 어떤 의도(조작)에 의한 왜곡이 불가피하기 때문이다. 즉 우리들이 아무리 애를 써도 대상을 100퍼센트 객관적으로 바라볼 수 없다는 것이다. 달리 말하면 우리는 태생적으로 보고 싶은 것만 볼 수 있다는 것이다. 아무리 아닌 척하여도 깊은 무의식 속에 자리 잡은 에고ego의 힘에 의해 대상을 왜곡되게 볼 수밖에 없다는 것이다. 그래서 객관성이라는 용어보다는 상호 주관성이라는 용어가 더 설득을 얻게 된다.

진리

"보고싶은 것만 본다!"
(A≠A')

모델(A')

의도
(조작)

관찰

행위

대상(A)

관찰자(B)

「그림 3」 현대 인식론적 관점

2. 전통과학

철학의 문제가 대상-관찰자-모델 삼자 간의 관계에 관심을 갖는
다면, 과학적 방법은 「그림 1」의 A'에 해당되는 진리, 모델, 이론에
만 초점을 맞추고 있다. 과학이 인지 가능한 현상만을 다루는 학문
으로 정의되는 이유이다.

과학을 특징짓는 가장 대표적인 요소는 고대 아리스토텔레스가
제시한 분류학으로부터 시작된 과학체계일 것이다. Science를 과
학이라 부르는 이유도 수많은 분류가 가능한 학문, 즉 세분화되고
전문화된 학문이라는 의미에서일 것이다. 여러 문헌상에 나타난
바, 과학의 보편적인 특성은 다음과 같이 정리된다.

① 과학은 원인과 결과를 설명하는 것이다. 세상에 우연적인 것

은 없으며, 반드시 원인이 있음으로 해서 결과가 나타난다는 원칙을 전제로 과학은 성립된다.

②과학은 미래의 예측에 가치를 두지만, 과학의 결과는 언제나 일시적일 수밖에 없다. 따라서 과학에 최종적인 정답은 없다.

③과학은 편견 없이 개방적이며 객관적이어야 한다. 천재 과학자들은 종교·정치·문화 등에 따른 선입견으로부터 자유로운 위대한 관찰자들이다. 그들은 자신의 생각을 별로 투영하지 않는다. 다만 실체가 무엇인지, 진실이 무엇인지 알아내려는 부단한 노력만이 있을 뿐이다.

④과학은 단순하고 정연해야 한다. 어느 과학자는 "과학의 궁극적인 목적은 모든 법칙을 티셔츠 위에 써넣을 수 있는 하나의 방정식으로 만드는 것"이라고 말한 바 있다. 예를 들면 E = mc²와 같이, 궁극의 진리는 단순하리라 기대하면서.

이러한 특성을 토대로 정립된 전형적인 과학의 과정은 「그림 4」과 같다. 과학은 먼저 현상에 대한 관찰로부터 시작된다. 관찰을 통해 얻은 데이터들이 검증을 통해 명백한 사실로 확인되면, 이 사실들이 종합되고 정리됨으로써 보편적 속성이 부여된다. 이를

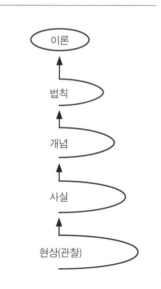

「그림 4」 전통 인식론적 과학

통해 과학적 개념이 정립된다. 더 나아가 개념화된 객체, 존재들 간의 관계성 분석을 통해 과학적 법칙이 세워진다. 그리고 마침내 과학적 법칙들을 토대로 불변의 과학적 이론이 탄생된다는 것이 전통 인식론적 과학의 입장이다.

요컨대 현상에 대한 관찰을 통해 자연의 비밀을 밝혀내는 것이 곧 과학자의 역할이다. 따라서 모든 선입견을 벗어난 '직접적인 관찰'이 선행되어야 함은 물론이다.

고요한 적막이 흐르는 시체해부실에서 의대교수가 엄지와 검지를 치켜들며 관찰의 중요성과 실천의 용기를 강조하고 있다. 이윽고 교수는 손가락을 시체의 항문에 확 쑤셔 넣는다. 일순 긴장이 흐른다. 잠시 뒤 교수는 손가락을 빼내 자신의 입에 넣고 쪽쪽 빨아댄다. 긴장은 어느새 경악으로 바뀐다. "누가 용기를 내겠는가?" 잠깐의 침묵이 흐른 뒤, 손을 번쩍 든 학생이 똑같이 따라한다. 장내는 경악을 넘어 공포로 변해간다. "여러분! 알겠지요? 용기보다 관찰이 중요하다는 것을! 나는 분명히 엄지를 항문에 넣은 뒤, 검지를 빨았습니다. 오늘 수업 끝!", "으웩!!!!"

성공적인 관찰의 결과로 얻은 귀중한 데이터들은 현상을 해석하는 귀중한 단초가 된다. 과학이 우리에게 선사해 주는 선물 가운데 가장 매력적인 것은 아마도 인과관계를 찾아내는 일일 것이다. 최근 구글의 빅데이터 분석 시스템이 월드컵 8강팀을 모두 맞추었다고 한다. 더 놀라운 일도 있다. 어느 학술 분석 기관에서는 세계 모든 저명학술지를 대상으로 빅데이터 분석을 적용한 결과 노벨상 수상자 전원을 정확히 알아맞히는 놀라움을 보여주었다. 아니 땐 굴뚝에서는 절대로 연기가 날 수 없다. 세상에 원인 없는 결과는 결코 존재할 수 없기 때문이다. 이제 우연성이라는 말은 세상에서 자취를 감출지도 모른다. 다만 원인과 결과의 관계성을 밝혀내기가 힘들 뿐… 그러나 지금은 정보화 시대이다. 데이터는 넘쳐나고, 시스템은 지능화하고, 속도는 빨라지고, 용량은 무한에 가깝다. 일단 패턴/클래스 단계에서 세상 모든 사물/객체들에 대한 개념화, 즉 명칭과 속성이 정의되면, 규칙/관계는 빅데이터 분석 등을 통해 손쉽게 얻을 수 있는 세상이 된 것이다.(「그림 5」 참조)

북경에서 발생한 나비의 작은 날갯짓이 지구 반대편에 있는 미국 뉴욕에 거대한 허리케인을 불러올 수 있다는 카오스이론도 결국은 원인과 결과의 관계성에서 비롯된 자연의 법칙에 지나지 않는 것이다. 이제 과학은 정현종의 시 「방문객」이 삶의 지혜를 말하는 시적 표현에 그치는 것이 아니라 과학적 진실임을 입증할 수 있을 정도가 된 것이다.(「그림 6」 참조)

사람이 온다는 것은
실은 어마어마한 일이다.

그는
그의 과거와 현재와
그리고

진
리

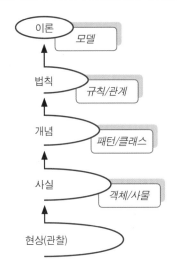

「그림 5」 모델링 작업은 과학적 이론 정립을 위한 정형화 과정이다.

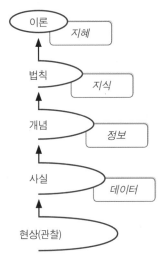

「그림 6」 언어·개념·논리의 추상화 작업은 중요한 과학적 과정이다. 이를 통해 최상의 지혜도 얻을 수 있다.

그의 미래와 함께 오기 때문이다.

한 사람의 일생이 오기 때문이다.

부서지기 쉬운
그래서 부서지기도 했을
마음이 오는 것이다.

(중략)

과학 과정

전통 인식론에 따르면, 관찰을 통해 얻은 과학적 사실이란 사물이 존재하는 객관적인 상태이며, 불변의 데이터이다. 왜냐하면 과학적 사실은 추론, 추측, 가정 등과 달리 관찰을 통해서 밝혀진 진실로서 실제로 일어났거나 관련된 주장과 일치하는 경험적 데이터이기 때문이다. 「그림 4」에 설명된 것처럼, 전형적인 과학적 과정을 단계별로 상세히 살펴보자.

①과학적 사실: 과학적 사실은 논쟁이 불필요한 절대적 진리이며 실재이다. 따라서 확립된 과학적 사실은 고유의 독립적 속성을 지닌다. 이를 통해 과학적 사실은 과학적 지식의 확고한 바탕이 된다.

②과학적 개념: 과학적 사실들 사이에 반복되는 패턴을 정리한 것이 과학적 개념이다. 즉 과학적 개념은 일련의 사물이나 현상에서 추출된 공통적인 속성으로 정의된다.

③과학적 법칙: 과학적 법칙이란 실험이나 관찰 또는 분류로부터 얻은 과학적 개념들 사이의 규칙성을 말한다. 과학적 법칙의 가장 큰 특징은 가정이나 가설에 바탕을 두지 않고 실제로 관찰한 과학적 사실이나 개념 간의 관계를 사실대로 표현한다는 점이다.

④과학적 이론: 과학적 이론은 특정한 사물이나 자연현상을 설명하는 보편적 체계를 통칭한다. 과학적 이론은 자연 현상의 속성이나 과정에 대한 원인을 제시하므로, 그 현상을 설명하거나 새로운 현상을 예측하는 바탕이 된다. 모든 과학적 가설은 관찰이나 실험을 통해 과학적 사실과의 일치성이 검증되었을 때, 비로소 과학적 이론의 위치를 점할 수 있게 된다.

공학 과정

과학적 결과는 진리에 대한 앎 그 자체로서의 가치도 크지만, 그에 못지않게 중요한 것이 과학의 활용이다. 과학의 과정을 거꾸로 진행하면 「그림 7」에서처럼 공학의 과정이 된다. 즉 과학적 과정을 통해 얻은 과학적 이론을 바탕으로 새로운 아이디어를 내어 요구

진리

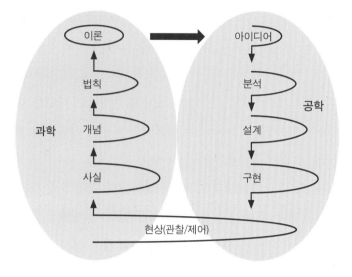

「그림 7」 과학과 공학의 과정

사항을 분석하고 해결방안의 설계를 통해 최종적으로 구현함으로
써 실세계에서 활용될 수 있는 훌륭한 물건이 완성된다. 예를 들면,
과학자 뉴턴은 나무에서 떨어지는 사과를 관찰함으로써 중력의 개
념과 만유인력의 법칙을 정립했다. 그리고 이를 토대로 동역학이
론을 세울 수 있었다. 한편 공학자 스티븐스는 뉴턴의 운동이론을
도입하여 사람을 실어 나를 수 있는 이동수단을 구상했고, 세부적
인 설계 절차를 거쳐 마침내 증기기관차를 만들어 냈다. 이와 같이
모든 공학적 제품은 과학자의 위대한 이론이 있었기에 가능했던
것이다.

3. 현대과학

전통과학은 현실주의적 인식론 또는 실증주의적 과학관으로서, 관찰대상이 외부세계에 객관적으로 존재한다는 가정에서 출발한다. 따라서 직선적인 인과의 논리에 따르며, 관찰대상의 개념·언어는 거울처럼 실재적임을 전제로 한다.(「그림 2」 참조) 그러나 현대의 과학 접근은 시스템적 사고를 지향한다. 이 관점에서 관찰대상은 관찰과정에서 나타나는 임시적인 구성물일 뿐이다.(「그림 3」 참조) 이러한 변화는 최근의 과학적 발견인 자기재생산, 카오스, 시너지, 창발 등 자기조직화 개념을 통해 더욱더 확고하게 자리 잡게 된다. 존재론 자체도 구조 지향적 존재론에서 과정 지향적 존재론으로 바뀌고 있다. 독립적 개체 중심에서 상호작용적 관계 중심으로 관점이 바뀌는 것이다.

존재·인식론에 관한 철학적 문제는 "누가 관찰자냐?"로 귀결되는데, 현대과학에서는 관찰자란 단지 관찰하려는 의도들의 생산물로 본다. 즉 의도가 관찰자를 만든다고 본 것이다.(「그림 1」에서 관찰자 B의 존재성을 부정하고 있다.) 결국 자아란 타인과의 관계 속에서만 존재하는 의존적인 것이라고 결론짓는다.

좀 더 자세히 살펴보면 「그림 3」에서처럼 관찰자(B)는 대상(A)과의 관찰/행위의 상호과정에서 자신이 관계하는 맥락을 스스로 구성 — 의도·조작 — 하여 인식한다. 이때 우리가 존재에 대해 말하자마자 — 또는 생각하자마자 — 존재는 이미 상징적 단위들 — 언어·이론·모델 — 로 대체되어(B') 버린다.

진
리

251

그렇다면 어떻게 해야 조작 없는 참된 인식을 얻을 수 있을까? 경험론적 철학자인 데이비드 흄은 "우리는 모른다. 추정할 뿐이다."고 말한다. 지식은 그저 안다고 믿는 것에 불과하다는 얘기다. 달리 말하자면, 우리가 뭔가 알았다고 아무리 떠들어봐야 그것은 고작 언어·상징·개념으로 표현된 관습으로서의 믿음에 불과하다는 것이다.

따라서 과학이 인식하는 것은 자연에 내재된 객관적 모습이 아니라, 과학적 조작에 의해 생산된 것에 불과하다. 즉 과학이 말하는 실세계란 존재론적인 객관적 세계가 아니라, 인지적 세계에 불과한 것이다. 따라서 과학의 이론과 모델들은 항상 조작적으로 생

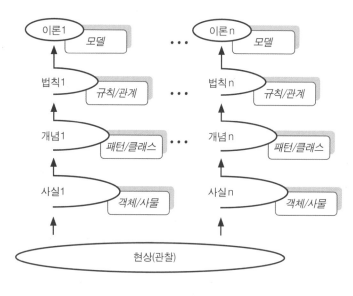

「그림 8」 현대 인식론적 과학

산된 관찰공간 안에서의 변수들로서 관찰될 수 있고 추정될 수 있을 뿐이다. 실세계는 관찰자의 시각 속에 존재하며, 관찰자의 인지적 조작을 통해 생산되기 때문이다. 여기서 관찰자의 시각이란 '내부적 외형세계모델'(엔도모픽 모델)을 말한다. 「그림 8」에 나타난바, 현대 인식론적 과학은 직선적이며 통일된 모습을 갖는 전통과학과는 달리 보는 시각에 따라 다양한 접근이 허용된다. 입장에 따라 그때그때 다르다는 것이다. 현대과학 접근의 주요 특성은 다음과 같다.

①자기준거적 인식

객관적인 관찰을 통해 얻을 수 있는 객관적 사실들은 과연 존재하는 것일까? 과학적 사실을 인식하기 위해서는 어쩔 수 없이 존재 혹은 개념에 의지하지 않을 수 없다. 따라서 현대의 인식론에서는 개념에 의존하지 않는 중립적이고 객관적인 과학적 사실이란 존재할 수 없다고 단언한다.

과학적 개념 또한 객관적으로 실재하는 것이 아니며, 과학자에 의해 만들어진 구성물이라고 주장한다. 과학적 개념이란 일련의 현상에서 추출한 공통된 준거 속성을 추상적으로 일반화한 개념이다. 따라서 과학적 개념은 경험한 것에 대한 추상적인 구성물일 뿐 물체, 성질, 현상, 사건 등의 본질 그 자체는 아닌 것이다.

②진리 개념 포기

현대의 인식론에서는 과학의 법칙도 결국은 인간이 만들어 낸 하나의 개념체라는 입장을 취한다. 따라서 과학적 법칙은 결코 절대적인 진리가 될 수 없기에, 체계가 복잡해질수록 더 많은 다양성이 존재하게 된다.

일반적으로 사람들은 과학적 이론을 불변의 진리로 받아들이는 경향이 강하다. 특히 과학적 이론이 많은 증거들로 뒷받침되고 있을 경우, 이러한 생각은 더욱 강해진다. 전통적 인식론에서는 과학적 이론의 토대가 객관적 사실과 법칙이므로, 과학적 이론도 객관적인 실재라고 주장한다. 그러나 현대 인식론의 관점에서 과학적 이론은 자연 현상을 설명하기 위해 구성된 추상적인 설명 체계일 뿐이며 객관적인 진리는 아닌 것이다.

불확정성이론으로 유명한 양자역학자이자 철학자인 하이젠베르크는 자연세계를 이해하려는 인간의 탐구에 대해 "우리가 관찰하는 것은 자연 자체가 아니라 우리의 탐구 방법에 노출된 자연이다."라고 말한다. 현대 인식론의 입장에 따르면, 관찰에 기초한 과학은 결코 객관적이지도 불변의 진리도 아니다. 우리의 관찰은 자연에 이미 존재하는 실재를 발견하는 것이 아니라, 자연에 존재할 것이라고 여기는 가상의 허구를 만들어 내는 과정이기 때문이다.

③시스템적 순환 속에 구성·재구성·해체만이 관찰 가능

우리들이 실질적으로 관찰할 수 있는 것은 일어나고 사라지는 것, 달리 말해 구성되었다 해체되고 다시 구성되는 일련의 생멸현상의 끊임없는 흐름만이 파악될 수 있다고 한다. 거기에 어떠한 주체적 독립적 주재자도 관찰될 수 없다는 것이다.

언어·관념의 한계성

"너 이름이 뭐니?", "몇 살인데?", "어디 사니?", "학교는 어디야?", "고향은?"…

누군가를 처음 만날 때, 습관적으로 이름부터 물어보게 된다. 그리곤 추가적인 정보들을 캐낸 뒤, 서로의 관계성을 찾아낸다. 남이 아니니 친하게 지내자는 뜻이다.

"어! 나도 그쪽에 사는데!", "우리 형도 거기 나왔어!", "나랑 띠동갑이네!"…

어쩌면 우리는 오직 이름을 비롯한 정보만으로 이루어진 존재일지 모른다. 인터넷만 뒤지면 다 나오는 유명인사의 프로필처럼 정보 자체가 마치 실체인 양, 어느새 우리의 전부가 되어 버릴 수 있기 때문이다.

꿩은 '꿕꿕', 뻐꾸기는 '뻐꾹', 까치는 '깍깍', … 새들은 저마다 제 이름을 부르며 운다고 누군가는 시적인 낭만을 읊조리지만, 우리들의 기억 속에는 오직 언어 • 논리 • 관념으로 굳어져 마치 박제된 듯한 새밖에는 존재하지 않는다. 지금 눈앞에서 예쁜 새가 날아가더라도, 그것을 온전히 볼 생각은 안 하고, 그저 머릿속 기억의 한 편을 끄집어내어 저 새의 이름이 무엇인지를 기어코 알아내려 끙끙대는 것이다.

"이름이란 뭘까? 장미가 다른 이름으로 불린다 해도 달콤한 향기엔 변화가 없을 것을. 로미오도 이름이 로미오가 아니더라도 이름과는 상관없이 사랑스런 완벽함을 간직할거야. 로미오, 그대의 이름을 버려요. 당신의 일부가 아닌 그 이름 대신 내 모든 것을 받으세요."

문호 셰익스피어의 대표작 『로미오와 줄리엣』에 나오는 대목이다. 이름과 관념에 갇힌 로미오가 아닌, 있는 그대로의 진실한 로미오를 갈망하는 것이다. 그 어느 것에도 구속되지 않은 온전한 사랑을 원하는 것이다. 물론 언어·관념적 표현 자체가 잘못됐다는 것은 아니다. 다만 언어·개념·논리는 실재를 온전히 드러내기에는 부적합한 도구라는 것을 이해해야 한다. 그럼에도 불구하고, 주관과 객관의 분별, 그리고 상호작용을 통해 세상을 장식하기 위해서는 언어의 도움이 필수적이다. 김춘수 시인의 「꽃」을 음미해 보자.

내가 그의 이름을 불러 주기 전에는
그는 다만
하나의 몸짓에 지나지 않았다.

내가 그의 이름을 불러 주었을 때
그는 나에게로 와서
꽃이 되었다.

내가 그의 이름을 불러 준 것처럼
나의 이 빛깔과 향기에 알맞는
누가 나의 이름을 불러다오.

그에게로 가서 나도 그의 꽃이 되고 싶다.

우리들은 모두
무엇이 되고 싶다.
나는 너에게 너는 나에게
잊혀지지 않는 하나의 의미가 되고 싶다.

개념의 세계로부터의 깨어남

현대에 이르러 수많은 철학자, 과학자들이 언어·개념·논리 세계
의 한계성을 벗어나 세상을 바르게 보고자 열망한다. 포스트모더
니즘이니 구조주의적 과학혁명이니 시스템적 사고니 하며 언어·
개념·논리에 갇힌 기존의 패러다임을 벗어나고자 하는 몸부림이
일고 있는 것이다. 헤르만 헤세의 『데미안』에 나오는 대목은 이러
한 변화를 대표한다.

"새는 알을 깨고 나오려 투쟁한다. 알은 새의 세계다. 태어나려
는 자는 하나의 세계를 깨뜨려야 한다. 새는 신을 향해 날아간다.
그 신의 이름은 아프락삭스다."

독일 철학자 융은 '아프락삭스'를 삶과 죽음, 저주와 축복, 참과
거짓, 선과 악, 빛과 어둠 등 대립적인 개념을 포괄하는 초월적 신
성으로 설명하고 있다. 즉 모든 이분법적 언어·개념·논리를 벗어
난 궁극의 세계를 상징하는 것이다.

진
리

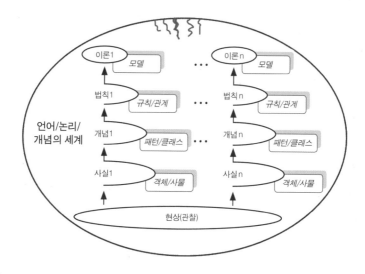

「그림 9」 패러다임 전환: 혼신의 노력으로 알을 깨고 나와야 비로소
참된 세상을 볼 수 있다.

아트만 과학: 진아

언어·논리·개념의 한계성을 벗어난 궁극의 세계, 즉 해탈의 세계
를 진리체계로 파악하는 과학적 사고가 오래 전부터 있었으니, 고
대로부터 전래되어 온 인도 베단타철학의 아트만사상이다. 일상적
언어·개념·논리의 세계는 마치 환영과 같으며, 이것을 벗어나면
궁극적 본질인 영원불멸의 실재, 즉 브라흐만(진아)이 존재한다는
것이다. 브라흐만은 영원하며, 청정하며, 깨달아 해탈해 있고, 일체
를 알며, 모든 힘을 갖추고 있다고 한다. 브라흐만 외에는 어떤 것
도 비실재이며, 무명에 의해 그릇되게 상정된 개념에 지나지 않는
다고 강조한다. 따라서 누구든지 깊은 삼매의 경지에 들어가게 되

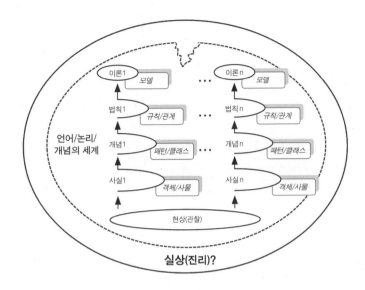

「그림 10」 아트만(진아) 과학

면, 마침내 궁극의 실재인 브라흐만을 깨달을 수 있다고 한다.

하지만 설령 최고의 경지인 해탈을 얻어 브라흐만과 합일되었다 하더라도, 우주의 질서를 지배할 수는 없다. 그것은 여전히 나의 참된 자아가 아니기 때문이다. 꿈을 깬 듯하지만 또 다른 꿈속의 잠꼬대일 뿐이다. 다시 말해 여전히 언어·개념·논리의 덫에 빠져 있는 것이다.(「그림 10」 참조)

붓다도 처음에는 아트만 과학을 받아들여 직접 수행함으로써 최고의 경지까지 체험하게 된다. 그러나 이것은 궁극의 진리가 아니라고 선언한다. 따라서 아트만 과학을 부정하는 것은 붓다 과학의 기본적인 입장이다. 그러나 몇몇 명상가들이나 불교학자들은 은근

진리

슬쩍 아트만의 개념을 불교로 끌어들인다. 어떤 형태로든 자아가 존재할 것이라는 뿌리 깊은 무명을 벗어나기란 그만큼 힘들기 때문이다. 머리로는 철저히 무아의 진리를 받아들였다 하더라도 어쩌다 초월적 상태에서 몸이 사라진 깊은 지복의 상태를 맛보게 되면, 그 자체가 진짜 무아의 상태인 것으로 확신해 버린다. 그리고는 불교를 완전히 이해한 것으로 착각하여, 스스로 깨달은 것으로 치부한다. 니체를 비롯한 수많은 학자나 명상가들이 안타깝게도 이 부류에 속해 보인다.

4. 붓다의 과학

1990년경 데이빗 카퍼필드라는 천재 마술사가 있었다. 그의 마술이 얼마나 신출귀몰하든지 도저히 속임수라고 여길 수가 없었다. 그는 진짜 신적 존재이거나 아니면 외계인이라는 추측까지 나돌 정도였다. 아무리 의심하여 두 눈을 부릅뜨고 지켜보아도 오히려 마술의 매력에 더욱 빨려 들어갈 뿐이었다. 그로부터 몇 년 뒤 타이거마스크라는 복면 쓴 마술사가 나타나 마술의 비밀들을 하나하나 밝혀나갔다. 트릭의 상황을 알기 쉽게 풀어서 하나하나 직접 보여줬던 것이다. 우리는 엄청난 충격에 빠졌다. 트릭이 대단해서가 아니라, 정말 어이없이 속았다는 사실 때문이다. 너무나 멍청하고 한심스러웠던 자신에게 화가 난 것이다. '어떻게 이럴 수가! 이 사악한 마술사에게 그렇게 오랫동안 놀아나다니!' 그 위대했던 카퍼필드가 한순간 사악한 사기꾼으로 전락해 버렸다. 우리는 이제 어떠한 마술에도 흥미를 느끼지 못한다. 아무리 새로운 묘기를 선보이더라도 더 이상 속지 않는다. 진실을 목도했기 때문이다.

　인류 모두가 데이빗 카퍼필드라는 '무명과 집착'이 마련해 준 마술쇼에 속아 '자아'의 실재성을 철썩 같이 믿고 푹 빠져 있을 때, 타이거마스크와 같이 혜성처럼 등장하여 '자아'의 속임수를 낱낱이 밝혀준 고마운 과학자가 있었으니, 그가 바로 붓다이다.

과학자 붓다

1818년 영국 벵갈 기병대소속 테일러 장군에 의해 폐허 속에 묻혀 있던 불교 유적이 최초로 발견된다. 이를 기화로 호랑이 담배 피우던 시절에 나오는 전설 속 존재로만 여겨졌던 붓다의 역사적 실존이 밝혀지게 된다.

　고타마 싯달타는 석가족이 모여 사는 인도의 작은 왕국에서 황태자로 태어났다. 온갖 호사를 누리며 살던 그에게 호기심을 자극하는 사건이 발생한다. 처음으로 왕궁 밖에 나갔다가 추하게 늙고 병들어 죽어가는 사람들을 목격(관찰)한 것이다. 언제나 아름답고 깨끗한 모습만 보아왔던 그에게 큰 충격이 아닐 수 없었다. 태생적으로 과학자의 피가 흐르는 그가 이러한 궁금증을 모른 체할 리가 없었다. 그는 사람들이 왜 늙고 병들어 죽어야만 하는지를 밝혀내기로 결심한다. 얼마 후 왕자의 삶도 과감히 벗어 던지고 고독한 과학자의 길을 택한다.

　그는 먼저 기존의 과학적 접근방식들을 두루 섭렵한다. 유명한 스승들에게서 마음을 길들여 지혜를 얻는 방법들을 습득하였다.

총명한 그에게 그리 어려운 일은 아니었다. 그는 스승이 가르쳐 준 진리의 세계를 어렵지 않게 체득할 수 있었다. 물론, 그것은 아트만적 진리였다. 그러나 그것이 궁극의 진리가 아님을 깨달은 싯달타는 스스로의 방법을 찾아보기로 결심하고 6년이 넘는 기간 동안 온갖 노력을 다한다. 마침내 그는 결론에 도달한다. 어느 방법이건 거기에 매달리는 한, 개념·논리의 세계를 영원히 벗어날 수 없음을 인식하게 된다. 조금이라도 집착이 있는 한, 절대로 바르게 세상을 볼 수 없음을 이해하게 된 것이다. 마침내 중도의 길을 찾은 것이다. 이제 비로소 세상을 관찰할 자세를 갖춘 것이다.

그는 우선 예리한 과학적 관찰에 필요한 최상의 마음상태가 무엇일까 궁리한다. 어린 시절 국왕인 아버지를 따라 나왔을 때 시골마을의 나무 아래에서 깊은 마음의 안정 상태를 유지했던 기억이 떠올랐다. 이제 모든 준비는 완료됐다. 그는 강물에 들어가 목욕재계하고, 미음을 먹어 심신의 안정을 되찾은 뒤, 강을 건너 결전의 장소인 보리수나무로 향한다. 나무 아래 갈대를 엮어 만든 방석을 깔고 편안히 앉는다. 이윽고 어린 시절 느꼈던 마음의 평정심 상태에 도달한다.

마음은 이제 모든 집착에서 벗어나, 완전한 과학적 관찰의 상태, 청정한 깨어 있음의 상태에 돌입한다. 그는 과연 무엇을 관찰했을까? 신적 존재를 목격했을까? 최고 수준의 희열감을 맛보았을까? 천국이나 극락의 별천지를 보았을까? 오색영롱한 빛을 보았을까? 아마도 아닐 것이다. 그는 그저 자신의 마음을 예리하게 들여다보았을 것이다.

처음에는 깊은 기억 속 저편의 관념·존재의 세계들을 두루 살펴본다. 시공간을 초월하여 스스로 겪었던 모든 일들이 파노라마처럼 스쳐가는 것을 지켜보면서 언어·개념·논리의 세계를 빠져나온다. 그리고 마침내 그 배후에 어떤 실체도 없다는 사실을 있는 그대로 진실하게 관찰한다. 비로소 깨달은 것이다. 그냥 추정이나 사유나 확신이나 느낌이 아니라, 있는 그대로 꿰뚫어 봤다는 의미로 깨달은 것이다. 물론 이러한 표현도 언어의 유희일 뿐이지만… 어찌되었건 그 이전에 어느 누구도 파악하지 못했던 실체적 진실을 밝혀낸 것이다.

실체 없음! 너무나 단순한 진리다. 하지만 이것을 통해 고타마 싯달타는 비로소 깨달은 자, 붓다가 된 것이다. 그는 '실체 없음'이라는 진리 속에서 도대체 어찌하여 어처구니없는 왜곡이 발생되어 늙음과 죽음의 고통 속으로 우리들을 몰아가는지를 분명히 정리하기 위해 그곳에 머물며 한 달이 넘게 사유한다. 그 결과 부득이 언어·개념·논리를 빌려 정의된 붓다의 과학이론이 공성, 12연기, 사성제, 팔정도인 것이다.

붓다의 과학적 발견은 사실 대단할 것도 없다. 아인슈타인이나 뉴턴의 운동방정식처럼 어려운 것도 아니다. 복잡한 추상대수학은 더더욱 아니다. 그저 세상의 참모습을 목도한 것이고, 그로인해 본래 세상에는 아무 잘못도 없다는 것을 알았을 뿐이다. 전과 다른 것이 있다면 자기에 대한 견해이다. 실체가 없는 것을 실체가 없는 그대로 이해한 것이다. 관찰자로서의 관점 외에는 변한 것이 없는 셈이다. 그러니 우리 모두 하루빨리 착각에서 벗어나기만 하면 된다

진리

263

는 것이지, 달리 뾰족한 묘수가 있다는 것이 아니다. 때문에 그가 밝힌 사실은 일시적이거나 관념적이 아닌 궁극적인 사실인 것이다. 그래서 최상의 진리인 것이다.

실체적이지 않고 변해야만 하는 존재의 비밀. 늘 있어 왔던 진실이지만, 붓다 이전에는 그 누구도 속 시원히 밝혀내지 못했던 존재성의 마술쇼가 마침내 막을 내린 것이다. 물론 이 사실이 알려졌을 때 반박도 심했을 것이다. 이제까지 세상의 모든 개념들은 존재성을 토대로 전개되었는데, 하루아침에 그것들이 전부 착각에서 비롯된 오류라고 한다면 어느 누가 달갑게 여기겠는가? 오히려 허무주의자, 세상의 파괴자로 낙인 찍혔음은 당연해 보인다. 갈릴레오가 처음으로 지구가 둥글다고 외쳐봤지만 아무도 믿지 않았던 것과 같이, 붓다도 아무리 떠들어 봤자 누가 이 기막힌 진실을 믿어 줄 것인지 무척이나 고민했을 것이다. 아마 붓다는 그래서 스승으로서의 삶에 대해 망설였는지 모른다. 그는 스스로 안에서 증득하여 도달한 것과 이것의 표현 문제에서 오는 괴리를 잘 알고 있었기 때문이다. 궁극적 실재와 그 언어적 표현의 문제는 여기서부터 시작된다. 그래도 혹시 누군가 내 말을 알아들을 수 있는 사람이 있지 않을까 하는 마음을 냈다는 것이 우리 인류에게 얼마나 큰 축복인가! 생각만 해도 아찔하고 또 감사할 일이다.

비록 붓다의 과학이 단순하고 진실하기는 하지만, 기존의 존재·인식론적 패러다임을 완전히 뒤엎는 혁명적 발상이기에, 쉽게 이해할 수는 없을 것이다. 마치 '낙서금지'라는 또 다른 낙서를 통해 낙서를 없애려는 것과 같이, 존재론적 모순을 설득시키기 위해서는 부득이 존재론적 언어와 개념을 차용할 수밖에 없기 때문이다. 그래서 불교는 머리로는 도저히 알 수 없는 것으로 오로지 체험에 의지할 수밖에 없다고 항변한다. 이러다 보니 불교를 바르게 이해한 사람은 불과 소수에 지나지 않는다. 아마 바르게 알고 있다고 착각하는 사람들이 더 많을지 모른다. 잘은 모르지만 열심히 실천하겠노라 다짐한 이들은 더 많을 것이다. 그리고 약발 좋은 기복신앙의 하나로 불교를 택하여 붓다를 최상의 신으로 모시는 사람들이 대부분일 것이다.

붓다는 신이 아니다. 우리와 조금도 다를 바 없이 살다가 늙고 병들어 팔순의 나이에 돌아가신 이웃집 어르신 같은 분이다. 다만 호기심이 많고 정이 많은 훌륭한 과학자였을 뿐이다. 감히 범접 못할, 함부로 입에 담아서는 안 될 그런 경외스러운 인물이 아니다. 몇몇 특별한 사람만이 이해할 특수한 마법의 진리를 비밀스럽게 전수해 주는 그런 사람은 더더욱 아니다. 그는 우리 모두를 위해, 모두가 알아야만 할, 당연한 자연의 법칙을 밝히고 가르친 너무나도 존경스러운 과학자이자 선생님이었을 뿐이다.

상상하는 모든 것이 현실로 이루어진다는 21세기를 우리는 살아가고 있다. 모든 정보가 공유되는 시대이다. 검색하면 다 나온다. 언제까지 깊숙한 금고 속에 숨겨 놓고, 아무나 꺼내 볼 수 없다고 치부하면서 몇몇 사람들의 지적 유희로만 붓다의 과학을 대할 것인가! 이제 세상 밖으로 나와야 한다. 판도라의 상자가 열림으로써 욕망의 세계가 펼쳐졌듯이, 이제는 붓다의 과학 상자를 활짝 열어

진리

젖혀서 욕망만이 만연한 세계를 종식시키고 새로운 이타적 가치의 세계를 열어야 한다. 부득이 관념의 형식, 언어의 형식, 존재의 형식을 빌리더라도 과학적 논리성과 합리성, 그리고 통일성에 근거하여 붓다의 과학을 바르게 알려야 한다. 그래서 옆집 할머니도 이해할 수 있도록 친절하고 쉽게 가르쳐야 한다. 초등학생들이 언어·관념의 족쇄에 갇혀 욕망의 노예가 되기 전에, 즉 '바둑아! 바둑아'를 배우기 전부터 자연의 법칙, 즉 공성을 이해하게끔 가르쳐 주어야 한다.

붓다의 진리

붓다의 진리는 「그림 1」에 나타난 대상-관찰자-모델 간의 존재·인식론적 사유로부터 출발한다. 붓다는 대상(육경)-관찰자(육근)-모델(육식) 이 셋의 만남을 조건으로 일어난 인식 이외의 그 어떤 인식도 존재하지 않는다고 단언한다. 그는 친절하게도 셋의 유형을 상세히 나누어 설명한다. 즉 색깔을 보고 알고, 소리를 듣고 알고, 냄새를 맡고 알고 등등 인간의 여섯 감관 작용으로 나누어 얘기한다. 그래서 모두 합해 18계의 세계가 인식할 수 있는 모든 것이라 말한다. 물론 육경, 육근, 육식은 단지 인식의 방법인 연기법을 설명하고자 친절히 설정한 개념적 요소일 뿐, 실체는 아니다. ─ 육경은 색·성·향·미·촉·법, 육근은 안·이·비·설·신·의, 육식은 안식·이식·비식·설식·신식·의식이다. ─

이제 붓다의 과학을 정리해 보자. 먼저 앞서 제시한 세 가지 철학적 질문에 대한 붓다의 입장을 논해 보자. 이 경우 아마도 붓다는 미소 지을 뿐, 답을 말할 수 없을 것이다. 왜냐하면 질문 자체가 이미 '있다·없다' 하는 이원론적 논리를 전제로 하는 오류에 빠져 있기 때문이다. 굳이 언어·개념·논리의 표현방식을 빌려 억지로 답하자면, 모두 존재한다고 볼 수 있다. 비록 꿈과 같고, 물거품과 같고, 환영과 같다지만, 생생하게 인식 가능한 실존임을 부정할 수는 없기 때문이다. 그러나 한편 존재하지 않는다고도 볼 수 있다. 안타깝지만 결코 영원한 실체일 수 없기 때문이다.

사실 붓다 당시에도 이미 수많은 사람들이 존재와 시공간에 대해 물어왔다. 아래의 네 가지 형이상학적 질문들은 그 전형이다.

① 세계는 (시간적으로) 영원한가, 아닌가? 양자인가, 양자가 아닌가?

② 세계는 (공간적으로) 유한한가, 무한한가? 양자인가, 양자가 아닌가?

③ 여래는 사후에 존재하는가, 아닌가? 양자인가, 양자가 아닌가?

④ 영혼은 육체와 동일한가, 아니면 다른가?

붓다의 답은 당시에도 그러했다. 노 코멘트!!! 그는 그저 침묵으로 답한 것이다. 뭔가(Something)를 전제로 한 이러한 질문 자체가 모순이기 때문이다. 실체적이지 않은 개념체를 놓고 있다느니 없다느니 하는 이분법적 잣대를 들이대는 것 자체가 질문으로 성립되지 않는다는 것이다.

붓다가 굳이 '무아'라는 용어를 차용한 것은 '변치 않는 자아가

진
리

존재한다'라는 고질적인 착각을 바로 잡기 위한 것이지, '자아가 존재하지 않는다'라는 또 하나의 관념을 심어주기 위함이 아니다. 따라서 '무아'를 '유아'에 반대되는 상대적 관념으로 받아들일 때, 우리는 모든 것을 부정하는 허무주의에 빠지게 된다. 어떤 이는 이 문제를 해결한다며, '비아'의 개념을 상정하여 아트만사상을 슬쩍 접목시킨다. 이와 같이 언어·개념·논리에 집착하는 한, 붓다의 진리는 표현불가이다. 실제 그 당시 붓다는 언어·개념·논리를 통해 따지려드는 많은 논사들에게 무기로 답했다. 묵묵부답으로 일관한 것이다. 말싸움에 질까봐 두려워서가 아니라, 언어가 가진 태생적 모순과 한계를 너무나 잘 알고 있었기 때문이다. 입을 열면 벌써 어긋나기 때문이다. 붓다를 뒤이은 수많은 선사들이 '할'이니 '방'이니 하며 선문답으로 계승되는 이유이다.

그럼에도 불구하고 언어·개념·논리의 긍정적인 측면을 통해 붓다의 과학을 정리해 보자. 먼저 앞서 언급한 바 전통과학의 보편적 특징에 대한 붓다의 입장을 짚어 보자.

①과학은 원인과 결과를 설명한다

아마 인과법에 관한 한 원조는 붓다일 것이다. 아리스토텔레스에 의해 과학체계가 형성되기 200여 년 전, 과학의 선구자 붓다는 이미 보편적 진리인 연기법을 선포한다.

이것이 있으면 저것이 있고,

이것이 일어나면 저것이 일어난다.

이것이 없으면 저것이 없고,

이것이 소멸하면 저것이 소멸한다.

이것이 있기에 저것이 있고,

이것이 생하기에 저것이 생한다.

이것이 없기에 저것이 없고,

이것이 멸하기에 저것이 멸한다.

붓다가 보리수 아래서 깨달은 궁극의 진리를 연기법이라고 말하는 이들이 많다. 존재의 생성과 소멸에 대한 시공간적 관계성이 연기법이기 때문이다. 따라서 최상의 과학적 진리임에는 분명하다. 그런데 의아한 부분이 있다. 붓다는 시공간과 존재의 무실체성, 즉 공성을 항상 강조해 왔는데, 연기법에서는 시공간이니 존재니 하며 굳이 그들간의 관계성을 맺으려는 이유가 무엇일까? 뭔가 모순돼 보인다. 과연 그의 궁극적 깨달음은 무엇이었을까? 공성이었을까? 아니면 연기법이었을까? 학자들 사이에도 논란이 있어 보인다.

필자도 솔직히 답이 궁금하다. 하지만 남의 살림살이가 내게 무슨 상관이랴! 코앞의 생사문제가 더 급한 것을! 다만 사족으로 추측컨대, 공성이야말로 붓다가 단박에, 사유 없이 직관적으로 깨달은 세상의 참모습이 아니었을까 싶다. 깨닫고 난 연후에 그는 궁금했을 것이다. 도대체 왜 있지도 않은 것이 있어 보이는 착각현상이 벌어졌는지. 그래서 그는 보리수나무 주변에서 몇 주간 머물며 깊은 사유를 했을 것이다. 그래서 정립된 이론이 연기법일 것이다.

진
리

엄밀히 말하면 공성과 연기법은 다르다. 서로 다른 관점으로 진리를 표현했기 때문이다. 공성의 관점으로 세상에 정해진 법은 없다. 연기법마저 정해진 법이 아닌 것이다. 이와는 달리 연기법의 관점에서 보면 세상은 철저히 원인과 결과에 따라 생멸한다. 달리 말해 공성이 실상의 있는 그대로를 표현한 것이라면, 연기법은 착각 현상의 원리를 설명한 것이다. 그래서 불교에서는 두 가지 관점의 진리가 있다고 한다. 진제와 속제가 그것이다. 진제는 공성을, 속제는 연기법을 일컫는다. 진제는 시공간과 존재의 무실체성을 전제로 하지만, 속제는 시공간과 존재를 전제로 하기 때문이다.

달마대사는 큰 절들을 무수히 지었다고 자랑질하는 수양제를 칭찬하기는커녕 되레 꾸짖는다. "의미 없네~~" 그리고는 갈댓잎에 폼 나게 올라타고 유유히 양자강을 건너 소림사로 향한다. 기껏 불교중흥을 위해 일했더니 '잘한 것 없다' 한다. 속이 텅 빈 갈대에 올라서는 갈 길을 재촉한다. 마치 '색이 곧 공이요, 공이 또한 색이노라!'라고 외치는 듯하다.

붓다의 고향 인도! 그곳 사람들은 대체 어떻게 0의 개념을 찾아냈을까?

무량수 + 0 = 무량수

무량수 - 0 = 무량수

무량수 × 0 = 0

0 ÷ 무량수 = 0

김홍도의 「절로도해」: 텅 빈 공성의 갈대에 올라탄 달마대사

②과학에서 최종적인 정답이란 없다

붓다는 이미 실세계의 참모습으로 무상無常을 강조했다. 세상 어디에도 영원불변의 존재나 법칙은 없다는 것이다. 『전등록』에 기록된 붓다의 게송을 음미해 보자.

법이라는 본래의 법엔 법이 없으나
법이 없다는 법 또한 법이다.
이제 그 법 없음을 전하니
법이라는 법에 어찌 법을 더하랴.

본래 정해진 법칙이 없다는 것이 붓다가 목도한 보편적 법칙이다. 그런데 법칙이 없다고 말하는 순간, 또 하나의 불필요한 법칙이 되고 만다. 그러니 이러한 과학적 진리를 어떻게 알릴 수 있을지 붓다는 고민하고 있다. 입 벌려 말해 봤자 공연히 법 하나만 추가할 뿐이니…

③과학은 편견 없이 개방적이며 객관적이어야 한다

붓다의 과학은 종교가 아니다. 그가 교주로서 활동한 것은 과학적 발견 이후의 일이다. 그의 과학적 관찰 작업은 자아를 비롯한 가족이나 국가, 그리고 신은 물론 그 어떤 존재로부터도 벗어난 것이었다. 실제 그는 왕위도 거절했고, 혈육도 버렸고, 자신조차 학대했다. 진리를 향한 과학자로서의 삶은 그토록 처절했다. 그런 과정이 있었기에, 어떠한 집착도 버릴 수 있었으며, 그를 통해 진실한 관찰이 가능했을지 모른다. 그래서 궁극의 진리를 발견할 수 있었을 것이다.

④과학은 단순하고 정연할수록 좋다

티셔츠에 '공', '무아', '연기', 이들 중 아무 글자 하나만 새겨도 충분할 것이다. 이름만 다를 뿐 모두 같은 뜻이기 때문이다. 다만 실체 없음을 특별히 강조하기 위하여 '공'이라는 개념이 나왔고, 자아 없음을 특별히 강조하기 위해 '무아'라는 개념이 제시되었을 뿐이다. 또한 상호작용적 존재라는 점을 특별히 강조하기 위해 '연기'라는 개념을 부득이 쓴 것이다.

이번에는 현대과학의 특징에 대한 붓다의 입장을 보자.

①자기준거적 인식

붓다가 제시한 공부법은 한마디로 관법觀法이다. 스스로 관찰하는 것이다. 좀 더 정확히 말하자면 관자재觀自在이다. 스스로의 존재성에 대해 분명하게 관찰하는 것이다. 관념과 기억에 기인한 자기준거적 인식의 경향을 끊음으로써 객관적 관찰이 가능토록 하기 위하여, 일체의 욕망과 존재와 견해에 대한 집착을 내려놓을 것을 요구한다.

②진리 개념의 포기

모든 것에 정해진 바, 진리는 없다는 것은 누누이 강조해온 바이다.

진
리

무상에는 어떠한 존재도 법칙도 예외일 수 없다. 부득이 '진리'니 '법'이니 '실상'이니 개념화하여 열심히 설명하고 있지만, 실상 진리의 참모습은 언어적 개념적·논리적으로 표현불가일 뿐이다. 언설불가의 세계를 부득이 언어를 사용해 설명해야 하는 모순된 상황을 수습하기 위한 궁여지책이 이제─진제와 속제─의 개념이다. 언설불가의 궁극적 진리를 의미하는 진제와 언설을 통한 개념적 진리인 속제로 나누어 진리를 논하려는 것이다.

③시스템적 순환 속에 구성·재구성·해체만이 관찰 가능

불교논리학에서는 일체의 존재들에 대해 생주이멸을 통한 유전상속의 특성을 갖는 것으로 파악한다. 끊임없이 일어났다 사라지는 물결의 흐름처럼 정해진 바, 실체가 없다는 것이다. 다만 앞선 마음

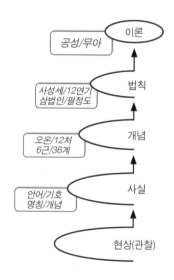

「그림 11」 붓다 과학의 논리적 측면: 부득이 언어·논리·개념의 형식을 통해 체계화하였다.

이 뒤의 마음에 영향을 미치는 인과의 속성 때문에 마치 불변의 자아가 실존하는 듯 착각을 일으킬 뿐이다. 때문에 우리들이 관찰할 수 있는 유일한 실질적 대상은 오직 생멸작용뿐이다.

지금까지 살펴본 바와 같이, 붓다의 과학은 모든 철학적 문제와 과학적 접근을 통섭한다. 그 이유는 모든 인식체계의 토대인 언어·개념·논리의 세계를 포함하는 근본적 입장을 취하기 때문이다.

'염화시중의 미소'라는 말이 있다. 인도 영취산에서 설법 중에 붓

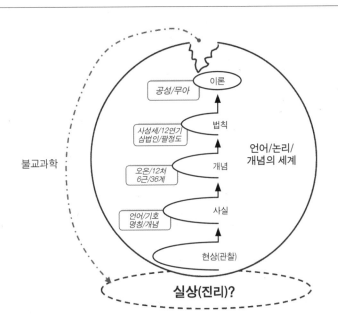

「그림 12」 붓다의 과학: 마지막에는 언어·논리·개념의 세계를 벗어나야만 비로소 참된 진리를 알 수 있다.

다가 연꽃을 들어 사람들에게 보였다. 사람들은 그것이 무슨 뜻인지 몰라 어리둥절해 있을 때, 수제자 마하 가섭만이 참뜻을 알고 빙그레 미소지었다는 데서 유래된 말이다. 진리란 이와 같이 언어·관념을 떠나 있음을 마하 가섭은 알고 있었다. 그 또한 진리를 스스로 체득했기 때문이다.

과학은 자비스럽지도 않고 인간적이지도 않다. 붓다의 과학 또한 예외일 수 없다. 어떤 의미에서는 무자비하고 비인간적이다. '자아'니 '인간'이니 '신'이니 '사랑'이니 하는 그 어떤 실체도 인정하지 않기 때문이다. 과학은 있는 그대로의 진실 그 자체를 목적으로 하기 때문이다. 그토록 무자비한 붓다의 과학이지만, 일단 제대로 이해하게 되는 순간 세상의 모든 가치는 극적으로 뒤바뀌게 된다. 집착 없는 사랑이 진짜 사랑이기 때문이다. 이타적인 사랑이 진짜 사랑이기 때문이다. 생각하는 자 없는 생각이 참된 생각이고, 행위자 없는 행위가 참된 행위이기 때문이다. 붓다의 과학은 어리석은 사람을 무자비하게 죽인다. 하지만 곧바로 그를 지혜로운 사람으로 되살려낸다.

후기

붓다는 과학자다. 진리를 탐구했기 때문이다. 인류역사상 가장 수승한 진리를 밝혀냈기에 가장 위대한 과학자다. 과학자로서의 삶 이후 그는 교주로서 종교의 길을 걷는 듯 보인다. 그렇지만 종교인이라기보다는 자신의 과학적 발견을 세상에 알리려는 인자한 스승이라고 보는 것이 더 합당해 보인다. 왜냐하면 그는 교칙을 세우고, 교세를 확장하고, 교권을 강화하고, 교주로서의 권위를 내세우는 그런 종교인들과는 너무나 다르기 때문이다.

그는 그저 진리를 가르칠 학교로서 승가를 세운 뒤, 사람들의 수준에 맞춘 다양한 방식으로 교육을 시켰을 뿐이다. 따라서 붓다는 스스로 진리를 밝히고, 이를 가르쳐 주며, 진리에 합당한 삶을 스스로 실천해 간 위대한 과학자이자 종교적 스승에 다름 아닌 것이다. "종교 없는 과학은 절름발이며, 과학 없는 종교는 장님이다"라고 지적한 아인슈타인의 우려를 불식시키듯, 붓다는 과학과 종교를 하나로 완성시킨 유일한 사람일 것이다.

흔히 우리들은 병원에서 태어나 병원에서 죽는다고 하는데, 붓다는 길에서 태어나 길에서 생을 마감했다. 그저 그렇게 왔다가 그렇게 갔다. 그래서 '여래如來'라 부른다. '그렇게 온'이라는 뜻이다. 별

의미 없는 이름처럼 보이지만, 세밀히 음미해 보면, 붓다의 진리가 함축되어 있음을 알 수 있다.

'그렇게' 또는 '그와 같이' 또는 '마찬가지로' 또는 '다를 바 없이'의 뜻을 가진 '여如'와 '나왔다'는 뜻을 가진 '래來'를 합쳐 '여래'라고 칭한 이유는 아마도 붓다 또한 다른 모든 존재들과 마찬가지로 인연에 따라 이곳 세상으로 나왔다는 의미일 것이다. 그런데 '왔다(來)'라는 말은 있는데, '간다(去)'라는 말은 보이지 않는다. 왔으면 가는 것이 인연법이요, 곧 자연의 이치가 아니겠는가?

붓다의 호칭에는 '간다'라는 표현을 쓰지 않는다. 그는 이제 존재의 실상을 깨달았기에, 더 이상 온다거나 간다는 것이 어리석음에 기인한 착각이라는 것을 알았기 때문이다. 비록 어리석음으로 인해 세상에 나왔으나 이제 어리석음이 멸했기에 더 이상 가는 것도 갈 곳도 갈 바도 없다는 얘기다.

또한 존재란 것도 착각에서 비롯된 것임을 알았기에 자신의 호칭도 명사가 아닌 형용사로 끝맺음하는 것이다. 그래서 우리 보통사람들처럼 '그렇게 왔다 그렇게 간 자(如來如去者)'가 아니라 '그렇게 온(如來)'이 된 것이다. 이름자 두 개에 이미 연기법과 무아, 그리고 해탈의 개념까지 녹아 있는 것이다.

세상에는 수많은 종교와 철학, 과학, 예술, 그리고 이에 대한 학문들이 있어 왔다. 그것들로 인해 세상은 끝없이 발전하고 꾸며지고 다양해지고 있다. 하지만 행복의 문제와 생사의 문제에 있어서는 여전히 해결의 실마리가 보이지 않는다. 붓다는 이 모든 것의 해결책을 찾았다. 일시적이거나 관념적인 방법이 아니다. 그것은 완전하고 과학적이며 실증적인 것이다. 그는 궁극적이고 근원적인 진리를 찾아낸 것이다.

그는 세상에 존재하는 것처럼 보이는 모든 물질이나 비물질은 물론 철학, 종교, 예술, 과학, 학문과 같은 체계, 나아가 신적인 존재나 심지어 '나'라는 존재마저 실체적이지 않음을 발견한다. 세상 그 어느 것도 실체적이 않으며 변해야 한다는 존재성의 비밀, 붓다 이전에 그 누구도 미처 파악하지 못했던 존재성의 비밀이 그로 인해 마침내 풀린 것이다.

당연히 반박이 심했을 것이다. 아마도 대개는 코웃음을 쳤을 것이다. 허무맹랑한 소리라고. 세상의 모든 일들이 존재성을 토대로 전개된다는 것은 삼척동자도 다 아는 사실인데, 존재라는 것이 착각에서 비롯된 허깨비같은 것이라고 주장하니 어느 누가 달갑게 여기고 받아들일 것인가. 오히려 허무주의자로 낙인 찍혔음은 너무나 당연해 보인다. 갈릴리 갈릴레오가 아무리 지구는 둥글다고 외쳐 봤자 당시에는 아무도 믿어주지 않았던 것처럼.

아마 붓다는 그래서 깨달은 직후, 무명의 원인과 무명에서 벗어나는 방법까지 정립하고 나서도, 막상 스승으로서 세상에 나서는 일은 주저했는지 모른다. 아무리 떠들어 봐야, 누가 이 기막힌 진리를 받아들여줄지 미심쩍어했을 것이다. 그래도 혹시나 한두 명이라도 있지 않을까 하는 마음을 낸 것이 오늘날 인류를 구원하는 한 톨의 씨앗이 될 줄 그 누가 알았으랴! 생각만 해도 아찔하고 감사할 일이다.

붓다의 가르침은 뉴턴이나 아인슈타인의 방정식처럼 어렵지 않다. 그것은 매 순간 삶 속에서 이해되고 직접 체험되는 것이다. 지금 우리가 숨 쉬고 있듯이 바로 여기에 있는 그대로가 곧 진리인 것이다. 말인즉슨 무척 쉬워 보이는데, 왜 이리 불교는 어려울까? 어려워 보일까? 팔만사천의 방편, 수많은 경전들, 수많은 종파, 학파, 뜻 모를 용어들, 할! 방!이니 선문답이니 논리성을 떠난 가르침. 어찌 이것을 과학이라 할 수 있겠는가? 몇몇 스님이나 수행자나 학자를 제외하고 붓다의 진리를 제대로 이해할 사람이 과연 몇이나 될까? 이 지구상에서 고작 몇 명만이 이해하는 진리를 과연 최고의 진리라고 칭하는 것이 합당한 일일까?

붓다의 가르침은 기존의 질서, 즉 관념적·존재론적 패러다임을 완전히 뒤엎는 혁명적 사건이기에 이해가 쉽지 않다는 것은 당연해 보인다. 마치 '낙서금지'라는 또 다른 낙서를 통해 낙서를 없애려는 시도처럼, 존재론적 모순을 이해시키기 위해서는 부득이 존재론적 용어와 개념을 차용하지 않을 수 없기 때문이다.

그래서 불교는 머리로 헤아림, 즉 알음알이로서는 도저히 알 수 없는 것으로 오로지 체험에 의지할 수밖에 없다고 한다. 이러다 보니 불교를 올바르게 이해한 이는 불과 소수에 불과할 것이다. 아마 바르게 알고 있다고 착각하는 이들은 좀 더 많을 것이다. 잘은 모르지만 열심히 수행하겠다는 이들은 그보다 더 많을 것이다. 그리고 약발 좋은 기복신앙으로 불교를 받아들이는 이들이 아마 대부분의 불교인일 것이다.

흔히 붓다는 존재법칙을 깨부수어 지구상에서 영원히 사라진 사람으로, 그리하여 윤회의 세계를 완전히 벗어난 사람으로, 즉 태어날 조건을 차단함으로써 해탈을 완성한 사람으로 묘사되고 있다.

세속적 관점에서는 그리 보이겠지만, 이것은 바른 결코 이해가 아니다. 좀 더 과학적 관점으로 표현하자면, 그는 그저 모든 존재 자체의 성질이 공하다는 사실, 그래서 나타나고 사라지는 것 자체가 환영과 같다는 사실, 그리하여 윤회란 것이 개념에 불과하다는 사실, 따라서 모든 존재들이 원래부터 해탈되어 있다는 사실을 여실히 알고 본 사람일 뿐이다. 그러니 뭘 깨고 나와 어디로 사라지고, 그래서 어디서 벗어나고, 차단하고, 완성되고 하는 그런 사람이 아니라는 것이다.

물론 신수대사의 "갈고 닦자"는 접근과 혜능대사의 "본래 없다"는 접근 간의 돈점 논쟁으로 볼 수도 있겠으나, 현대 과학시대를 살아가는 우리들로서는 좀 더 본질적이고 실질적인 팩트에 입각한 접근과 표현이 중요할 것이다. 따라서 실체적으로 존재하지도 않는 '존재'니, "오고 감"이니, "윤회"니, "해탈"이니 등을 마치 실체적인 것으로 상정하는 것은 붓다의 진리를 이해하는 데 장애가 될 수 있다.

필자의 개인적인 견해로는 앞으로 초등학교에서도 붓다의 진리를 가르쳐야 한다. 공의 개념을 이해시켜야 한다. 이것은 거창하게 윤회를 벗어나거나, 해탈을 이루자는 것이 아니다. 그저 자연과 우주의 법칙을 사실 그대로 알리고자 함이다. 그래야만 온전한 삶을 영위할 수 있을 것이기 때문이다.

붓다는 신이 아니다. 우리와 조금도 다를 바 없는 사람이다. 다만 탐구심이 많고 정이 많은 훌륭한 과학자요 스승일 뿐이다. 감히 범접 못할, 함부로 말해서는 큰일 날 그런 신령스런 사람이 결코 아니다. 몇몇 특출한 사람만이 이해할 특별한 마법의 진리를 비밀리에 전해준 그런 신령스런 도인도 아니다. 그는 우리 모두를 위해, 모두가 알아야 할, 당연한 자연의 법칙을 밝히고 가르쳐 준 친절한 과학자인 것이다. 전해져 오는 붓다의 깨달음의 노래이다.

바른 진리를
있는 그대로 보지 못해
여기 저기 태어나
오랜 세월을 윤회했네.
이제 이들 진리를 바로 보았으니
존재의 통로는 부수어졌고
괴로움의 뿌리는 끊어졌고
더 이상 태어남은 없어졌네.

상상하는 모든 것이 이루어진다는 21세기 과학의 시대를 살아가고 있다. 모든 정보가 공유되는 지식정보시대이다. 아직도 깊숙한 금고 속에 숨겨놓고, 아무나 볼 수 없다고 치부하면서, 몇몇 사람들의 지적 유희로만 삼을 것인가? 그것도 바르게 이해하지도 못한 채, 마치 뭔가를 얻은 것처럼 거드름 피우면서…

이제 밖으로 꺼내야 한다. 판도라의 상자가 열림으로써 탐욕의 세계가 펼쳐졌듯이, 붓다의 진리상자를 활짝 열어젖힘으로써 탐욕의 세계를 종식시켜야 한다. 비록 관념의 형식, 언어의 형식, 존재의 형식을 빌더라도 과학적 논리성과 합리성, 그리고 통일성에 근거하여 붓다의 진리를 알려야 한다. 모든 과학의 근거로 삼아야 한다. 옆집 할머니도 이해할 수 있도록, 알기 쉽고 분명하게 가르쳐야 한다.

필자는 인공지능을 전공한 공학자이다. 비록 훌륭한 학자는 못되지만, 붓다의 과학이 인공지능에도 필연적으로 스며들어야 한다는 과학자적 신념을 안고 고민하는 사람 중 하나이다. 문명의 구세주가 될지, 아니면 인류의 파괴자가 될지, 인공지능을 바라보는 시선은 극과 극이다. 인공지능이 현재의 지식 처리 수준을 벗어나 붓다 수준의 지혜를 다룰 수 있을 때, 우리는 진정한 인공지능을 마주하게 될 것이다. 그때서야 인공지능이 단지 두려운 기계덩어리가 아닌 인간보다 더 인간다운 기계로 거듭날 수 있을 것이다.

지승도

한국항공대학교 소프트웨어학과 교수.

1959년 서울에서 태어나 연세대학교를 거쳐 미국 아리조나대학교
(Univ. of Arizona)에서 컴퓨터공학 박사학위를 받았다. 컴퓨터의 아
버지인 폰 노이만(Von Neuman)을 중심으로 유전알고리즘의 홀랜드
(Holland), 시뮬레이션의 지글러(Zeigler)로 이어져 온 생명체적 인공
지능학파를 계승함으로써, 자율인공지능과 추론시뮬레이션 연구를
펼쳐왔다. 나아가 사람을 이익 되게 하는 진정한 인공지능은 과학,
철학, 종교, 인문을 통섭하는 초과학에 실마리가 있다는 신념으로,
지난 10년간 붓다의 철학과 과학을 이용한 인공마음과 지혜시스템
에 관한 신기술 이슈에 전념하고 있다.

인공지능, 붓다를 꿈꾸다

초판 1쇄 발행 2015년 3월 23일 | 초판 4쇄 발행 2021년 1월 15일
지은이 지승도 | 펴낸이 김시열
펴낸곳 도서출판 운주사

　　　(02832) 서울시 성북구 동소문로 67-1 성심빌딩 3층
　　　전화 (02) 926-8361 | 팩스 0505-115-8361
ISBN 978-89-5746-417-5　03000　　값 15,000원
http://cafe.daum.net/unjubooks 〈다음카페: 도서출판 운주사〉